Christian Jannasch

Abenteuer Auswandern

MEIN LEBEN AUF GRENADA

Strand, Meer und Lebensfreude: Der paradiesische Alltag in der
Karibik

Bibliografische Information der Deutschen Nationalbibliothek:

Die Deutsche Nationalbibliothek verzeichnet diese Publikation in der Deutschen Nationalbibliografie; detaillierte bibliografische Daten sind im Internet über http://dnb.d-nb.de abrufbar.

Impressum:

Lektorat: Elena Zharikova

Copyright © 2013 GRIN & Travel

Ein Imprint der GRIN Verlag GmbH

8

Vorwort: Ab in die Karibik!

Eine Stellenanzeige der besonderen Art

Es begann alles mit Palmen, Sonnenschein und einem traumhaften Strand – in Deutschland. Genau auf diese Weise war nämlich die Stellenanzeige eines Unternehmens aus der Karibik bebildert, die ich im März 2011 zufällig im Internet entdeckt hatte. Die Anzeige war mit so blumigen Sätzen garniert wie *„Wollen Sie im Paradies wohnen?"* und *„Möchten Sie einen Arbeitsplatz, der nur einen Steinwurf von einem der schönsten Strände der Karibik entfernt ist?"*.

„Ein schöner Blödsinn", hatte ich mir damals zunächst gedacht. Wer illustriert seine Stellenanzeige schon mit kitschigen Comic-Zeichnungen, wenn er einen ernsthaften Bewerber sucht? Dies kann doch wohl nur auf deutschlandmüde Lebenskünstler abzielen, die sich später in der Sendung „Die Auswanderer" im Fernsehen zur Schau stellen – also garantiert nicht auf mich.

Doch so verrückt das Stellenangebot in der Karibik auch klang, zufälligerweise war jene blumig beschriebene Anzeige passgenau auf mein Profil ausgerichtet: Es war ein Job bei einem Reiseveranstalter.

Grundsätzlich wollte ich ins Ausland gehen, aber nur für eine kürzere Zeit: Geplant war ein Aufenthalt von etwa einem Jahr. Ein Beruf im Tourismus war die wichtigste Voraussetzung – war dies doch genau das Tätigkeitsfeld, das ich bereits in Deutschland tagtäglich beackerte. Das klassische Work & Travel, das viele junge Leute unternehmen, kam für mich also nicht in Frage. Einige interessante Stellen in London und Australien hatte ich hingegen bereits ins Auge gefasst. Sie alle waren jeweils auf eine angenehme Zeit befristet.

Da eine Bewerbung ja (fast) nichts kostet und man sich solche Angebote prinzipiell in Ruhe anschauen kann, schickte ich meine Unterlagen an das werbende Unternehmen, welches dank seiner quietschbunten Website meine ersten Vorurteile nicht gerade entkräftete. Zugegeben, es war mehr eine Spaß-Bewerbung gewesen. Ich ließ die Unterlagen von niemandem durchlesen und investierte in das individuelle Anschreiben maximal 20 Minuten Zeit. *„Es wird sich ja ohnehin nur um eine Briefkastenfirma handeln"*, dachte ich.

Rund zwei Wochen später sollten die Weichen für meinen kommenden Lebensabschnitt jedoch bereits gestellt sein: Das Unternehmen war tatsächlich an mir interessiert. Bei einem persönlichen Treffen mit einem der Gesellschafter in Deutschland wurde ich von der tatsächlichen Existenz des Reiseveranstalters überzeugt. Und letztendlich lag mir nun auch ein Arbeitsvertrag vor, den ich nur noch unterschreiben musste. Zu allem „Überfluss" war dieser auch noch unbefristet und versprach somit gute Entwicklungschancen in Bezug auf die weitere Karriere.

„Verdammt", dachte ich, „sechs Monate Australien hatten doch eigentlich schon verlockend geklungen. Nun könnte es also sofort in die Karibik gehen, und das wahrscheinlich auf längere Zeit". Zwar war ich prinzipiell nicht familiär gebunden, hatte aber eine langjährige Freundin, die mich dennoch tapfer bei diesem Vorhaben unterstützte, das plötzlich ganz real und akut wurde. Ein großes „Danke" an dieser Stelle!

Einige Tage nach dem Angebot war die Entscheidung gefallen – wenn ich denn je eine tatsächliche Wahl gehabt hatte. Im Prinzip war meine Einstellung zu der Sache trotz aller Bedenken klar: Würde ich diese Chance nicht wahrnehmen, so würde ich dies spätestens in fünf bis zehn Jahren sicherlich tief bereuen. Schließlich sollte die Karibik – und das weiß ich rückblickend jetzt ganz sicher – einer der schönsten Flecken dieser Erde sein. Zudem ist das Land dafür bekannt, für Besucher das schönste Wetter bereitzuhalten, das man sich nur vorstellen kann.

Damals schien es mir genau der richtige Ort zu sein, an dem man für längere Zeit leben und einer Arbeit nachgehen sollte, die perfekt zu einem passt. Also unterschrieb ich den Vertrag und verlegte somit meinen Lebensmittelpunkt – zunächst mittelfristig – auf eine kleine Insel, die ich trotz meiner breit gefächerten geografischen Kenntnisse erst einmal auf der Weltkarte suchen musste.

Ein Fleck auf der Landkarte – mein Ziel: Grenada, das elftkleinste Land der Welt

Zwei Jahre später ...

Mittlerweile lebe ich nun schon seit über zwei Jahren auf der Insel Grenada, im buchstäblichen Karibik-Paradies – in dieser Hinsicht hatte die Stellenanzeige tatsächlich recht behalten. Inzwischen kann ich auf eine Vielzahl von spannenden Erlebnissen, Begebenheiten, Alltagsgeschichten und Touren in, auf und um Grenada zurückblicken. Es ist immer wieder erstaunlich, was diese doch sehr kleine karibische Welt alles zu bieten hat.

Grenada ist das elftkleinste Land der Erde – nach Malta, den Malediven, St. Kitts und Nevis, den Marshallinseln, Liechtenstein, San Marino, Tuvalu, Nauru, Monaco und Vatikanstadt. Selbst Luxemburg ist etwa sieben Mal größer als Grenada. Und doch begeistert mich dieser kleine Inselstaat immer wieder dank seiner Einwohner und der unheimlich charmanten Atmosphäre sowie mit seiner nahezu unerschöpflichen Naturvielfalt, die zu tollen Outdoor-Aktivitäten einlädt. Letztendlich sorgt das stets angenehme Wetter in Kombination mit den paradiesisch anmutenden Stranderlebnissen für ein unheimlich tolles Lebensgefühl. Trotz der geringen Größe der Insel, die gerade auf einen passionierten Weltentdecker wie mich auf Dauer etwas einengend wirken könnte, habe ich mich hier während der letzten zwei Jahre rundum wohlgefühlt. Und um meinen Entdeckungsdrang auszuleben, besuchte ich im Laufe meines Aufenthalts noch zahlreiche andere Inseln, von denen ich im Folgenden ebenfalls erzählen werde.

Das vorliegende Buch schildert meine persönlichen Eindrücke der vergangenen zwei Jahre in der Karibik – wie ich sie gelebt und wie ich sie geliebt habe. Vorhang auf für die „Isle of Spice", wie sie international gerne genannt wird.

Machen Sie sich zusammen mit mir auf, um das karibische Lebensgefühl zu erkunden!

Christian Jannasch, 2013

Auf und davon: Meine ersten Eindrücke von Grenada

Nachdem der neue Arbeitsvertrag schließlich unterschrieben worden war, folgte noch eine ganze Reihe an organisatorischen Dingen, auch wenn sich diese für solch einen bedeutenden Ortswechsel erstaunlicherweise in Grenzen hielten. Nun galt es den Reisepass zu beantragen, Impfungen durchzuführen, den alten Job zu kündigen, die Wohnung auszuräumen, Mobiliar und Einrichtung weitestgehend zu verkaufen sowie schließlich noch die letzten Tage vor der Abreise mit Freunden und Familie zu verbringen. Am 30. Mai 2011 war es dann soweit: Der vorübergehende Abschied aus Deutschland war spätestens mit dem Durchschreiten der Sicherheitskontrolle am Dresdner Flughafen besiegelt.

Nach rund 20 Stunden Flug war ich dann endlich auf Grenada angekommen – angekommen mitten im Unbekannten, im vermeintlichen Paradies und in meinem neuen Leben. Doch da zum Zeitpunkt meiner Ankunft bereits die Dunkelheit über Grenada hereingebrochen war, musste das Paradies vorerst noch ein wenig warten.

Am nächsten Morgen folgten dann die mit Spannung erwarteten ersten Eindrücke der Insel. Die dominierenden Farben waren Grün und Grau, die unglaublich satte Vegetation war vom ersten Tag an überwältigend. Wer tropischen Regenwald sucht, ist auf Grenada definitiv richtig – und hierbei ist es egal, in welchem Inselteil man sich aufhält. Grau zeigte sich an diesem Tag lediglich das Wetter, aber da meine Vorfreude auf den ersten Inselausflug ohnehin riesengroß war, sollte mich dieser Umstand nicht weiter stören.

Mit Strand und Stadt hatte ich mir ein abwechslungsreiches Mini-Programm für den ersten Tag vorgenommen. Dazu konnte ich nun zum ersten Mal das karibische Flair in den öffentlichen Bussen, in denen während der Fahrt üblicherweise laute Reggae-Musik gespielt wird, hautnah erleben – ein durchaus interessanter Mix, der untrennbar mit dem Leben in der Karibik verbunden ist.

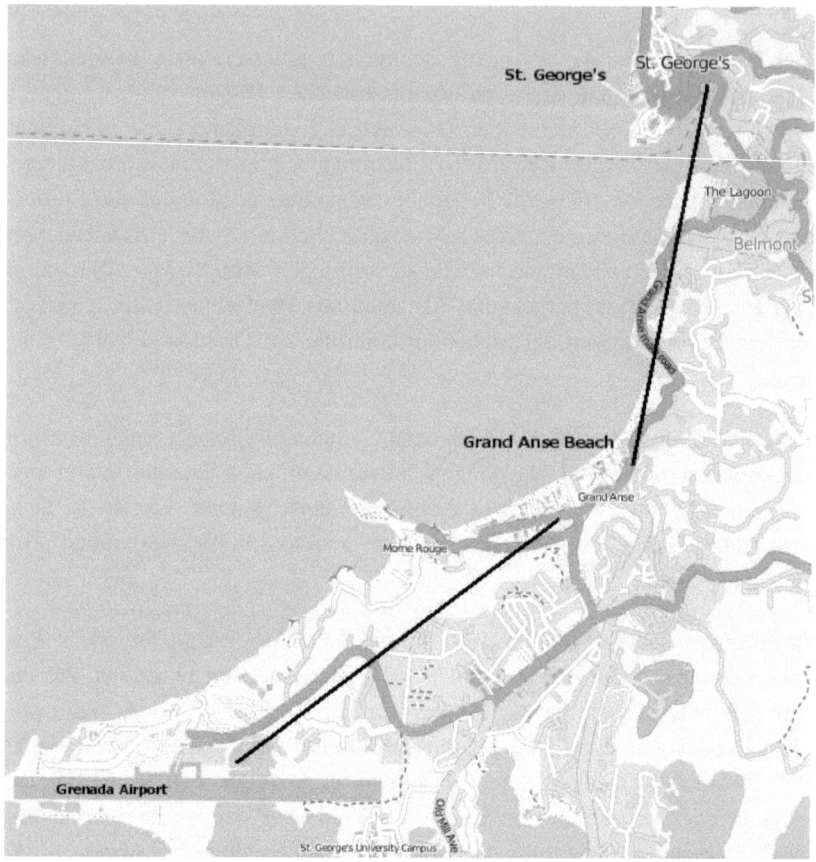

Auf der Strecke zwischen Flughafen und Hauptstadt: der Grand Anse Beach

Nur zehn Minuten von meiner Wohnung in Grenada entfernt befindet sich der Grand Anse Beach, den ich natürlich zuerst in Augenschein nahm. Dies ist der Hauptstrand der Insel, und damit einer ihrer größten und weitläufigsten Sandstrände. Zudem kann der Grand Anse mit einem netten Blick auf die Hauptstadt St. George's aufwarten – auch wenn sich mir an jenem Tag die wahre karibische Definition von Traumstrand aufgrund des bewölkten Himmels zunächst noch nicht erschloss.

Noch zeigte er sich nicht in seiner vollen Pracht.

Nach dieser kurzen Stippvisite ging es mit einem der hiesigen Busse in die Stadt. Mit „Bus" ist hier auf Grenada ein 15-sitziger Van gemeint, der auf Handzeichen anhält, die Insassen mit lauter Reggae-Musik beschallt und mit dem man praktisch die ganze Insel erkunden kann. Eine 15-minütige Fahrt von Grand Anse nach St. George's kostet in einem dieser sogenannten Mini- oder „Reggaebusse" umgerechnet nur etwa 70 Cent.

Ein Rundgang durch die Hauptstadt

St. George's ist zwar die Hauptstadt von Grenada, hat aber trotzdem nur um die 10.000 Einwohner. Sie wurde 1650 von den Franzosen erbaut, wurde Mitte des 18. Jahrhunderts von Großbritannien erobert und war später über 70 Jahre lang Hauptstadt der britischen Kolonie „British Windward Islands". Im Jahr 2004 wurden Teile der Stadt durch den Hurrikan Ivan, der die komplette Insel zu mehr als 80% verwüstete, ziemlich schwer beschädigt. Die Schäden der meisten Gebäude wurden wieder behoben, ein Zeugnis dieses gewaltigen

Tropensturms ist aber die St. George's Anglican Church, die noch heute ohne Dach auskommen muss.

Die anglikanische Kirche, deren Dach einem tropischen Wirbelsturm zum Opfer fiel

Eine sehr sehenswerte Attraktion neben den Straßen der Stadt selbst, die man relativ schnell zu Fuß erkundet hat, ist das Fort George. Diese kleine Burg erhebt sich im Stadtzentrum und bietet einen wunderschönen Ausblick auf St. George's und dessen Lage in der Bucht.

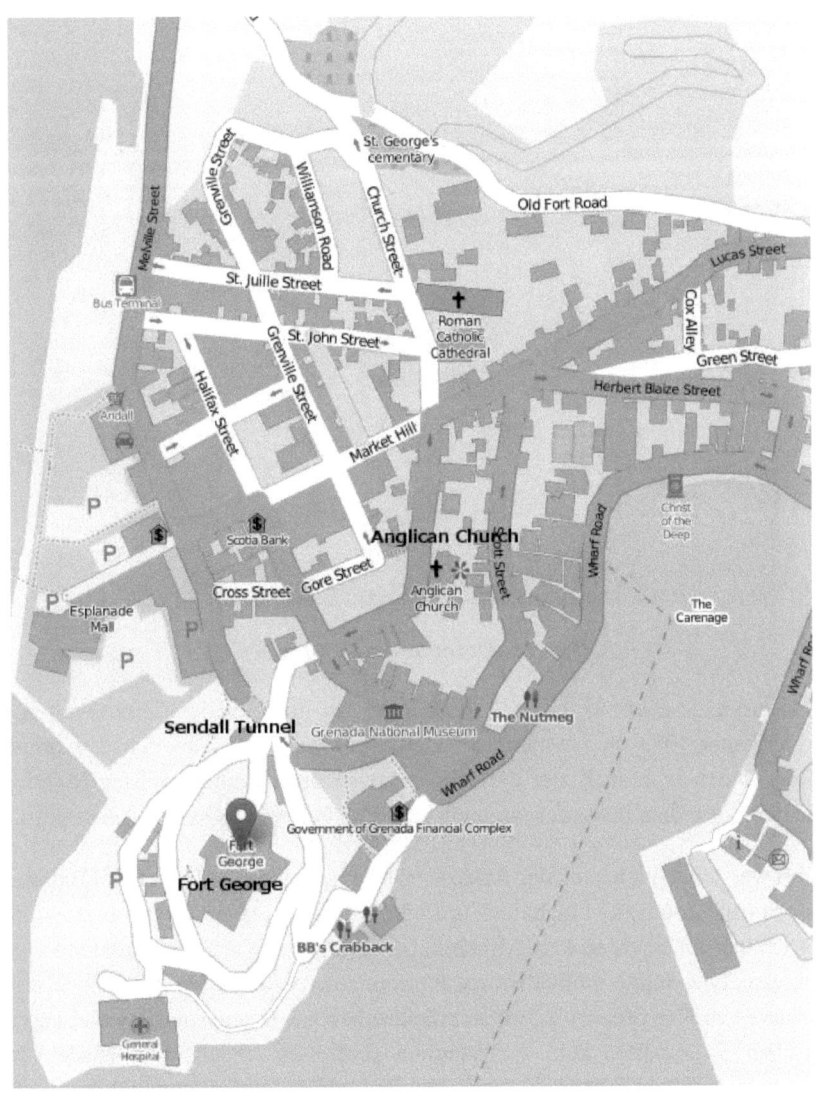

Einen Überblick über Stadt und Umgebung bietet das Fort George.

Über den Dächern von St. George's

Historisch gesehen ist das Fort bedeutend, da hier vor dem Einmarsch der Amerikaner 1983 die ehemaligen Machthaber der Stadt hingerichtet wurden. Unter ihnen war auch der kurz zuvor abgesetzte Premierminister Maurice Bishop, nach dem heute der internationale Flughafen von Grenada benannt ist.

Dies war schließlich auch der Auslöser der Invasion, da die USA beim Bau des neuen (und heutigen) Flughafens in Point Salines – unberechtigterweise – die Errichtung eines verdeckten Militärstützpunktes von Kuba und Russland vermuteten. Dies führte schließlich zur Invasion, die rund eine Woche dauerte und in der es zu Kämpfen zwischen amerikanischen sowie grenadischen und kubanischen Streitkräften kam. Letztendlich „befreiten" die USA Grenada von kommunistischen Einflüssen und der ehemalige Generalgouverneur wurde wieder eingesetzt.

Auf diesem Platz im Fort George wurde Maurice Bishop hingerichtet.

Der Verkehr in Grenada und St. George's macht übrigens ohne Probleme dem in Italien, Marokko oder anderen südeuropäischen und nordafrikanischen Ländern Konkurrenz: Die Hupe ist das wichtigste Utensil, Anschnallen wird als überflüssig erachtet und überhaupt gelten Verkehrsregeln mehr als Handlungsempfehlungen denn Vorschriften. Sehr gewöhnungsbedürftig, aber zugleich auch sehenswert ist daher der Sendall Tunnel, der zum einen als wichtigste Zufahrtsstraße in die Altstadt dient, zum anderen aber auch von Fußgängern als nahezu einzige Verbindung zwischen dem Hafenviertel an der Carenage und der Altstadt rund um den Marktbereich benutzt wird.

Auto und Fußgänger dicht gedrängt im Sendall Tunnel

Ich finde, Fußwege werden ohnehin überbewertet!

Für mich ging es an meinem ersten Tag natürlich wieder mit einer „entspannten" Busfahrt in rasantem Tempo zurück nach Hause. Anschließend gab es den ersten, verdienten Sprung ins Meer, auch wenn das angesichts der hohen Temperaturen, die auf der Insel im Sommer wie Winter im Schnitt 29 Grad betragen, nur sehr kurz Abkühlung brachte.

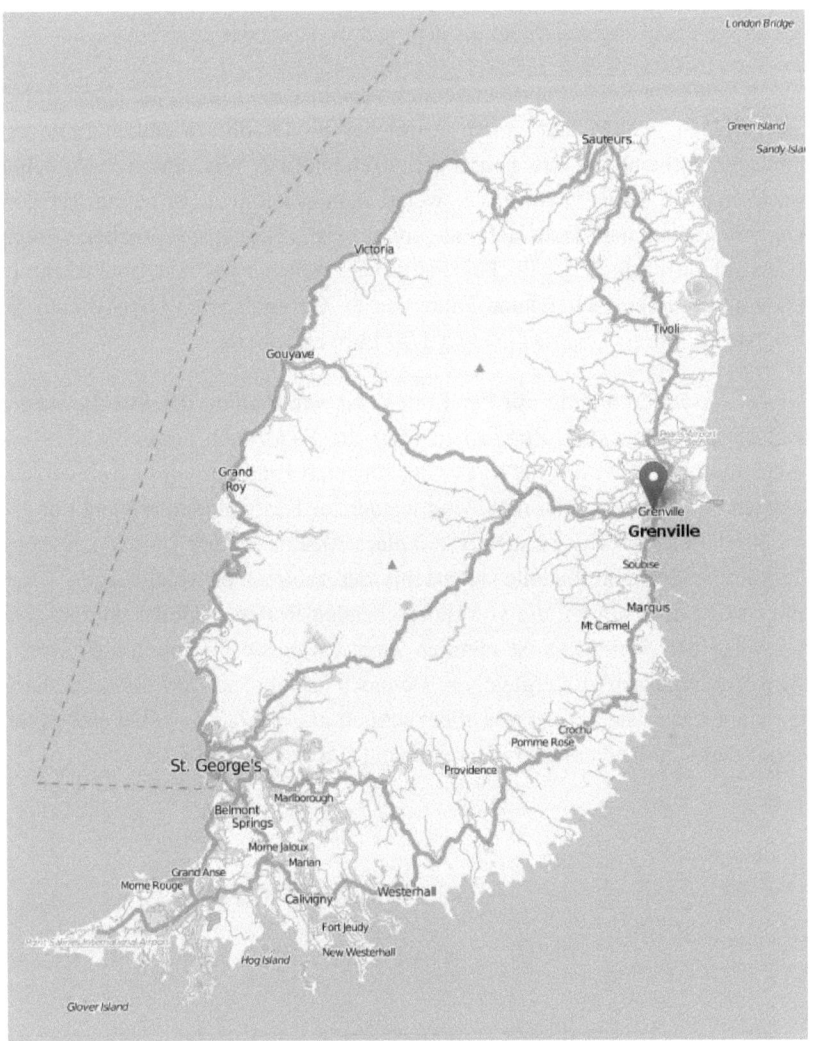

Unterwegs von St. George's nach Grenville

Das für mich in den ersten Tagen doch recht ungewohnte System der öffentlichen Fortbewegung animierte mich am nächsten Wochenende direkt dazu, eine ausgiebige Bustour durch Grenada zu unternehmen. Mittlerweile gehören die Busse für mich natürlich zum Alltag, denn die kleinen 15-Sitzer sind das eigentliche Hauptverkehrsmittel in Grenada. Sie fahren sehr häufig, sind günstig und vielleicht sogar sicherer als ein eigenes Auto oder ein Mietwagen.

Es gibt keinen genauen Fahrplan, jedoch verschiedene Linien, die einer groben Route folgen, welche auf einem Aufkleber in der oberen linken Ecke der Windschutzscheibe für den Fahrer aufgezeichnet ist. Wer einsteigen möchte, streckt einfach seinen Arm aus – wobei man ohnehin meist schon auf dem Weg zur sogenannten Haltestelle angehupt wird, als unausgesprochene Frage, ob man denn mitfahren will. Die Fahrpreise stehen zwar fest, sind aber nirgendwo ausgeschrieben. Meine Fahrt von St. George's nach Grenville an die Ostküste kostete 6 EC$, was in etwa 1,70 Euro entspricht.

Gerade diese Verbindung mit der Linie 6 ist schon allein der Strecke wegen eine Attraktion für sich. Zum einen führt die Fahrt nach Grenville über das Grand-Etang-Massiv, das heißt, es ging für mich zunächst vom Meeresniveau hoch auf 582 Meter und anschließend wieder zur Küste hinunter. Nicht nur gab es während dieser Fahrt einige spektakuläre Ausblicke über Grenada, sondern auch einige Schreckmomente angesichts der zahlreichen waghalsigen Überholmanöver des Fahrers, die von quietschenden Reifen begleitet wurden. Die Fahrweise der Minibusse ist nämlich nicht zwangsweise mit mitteleuropäischen Verhältnissen zu vergleichen. Dennoch kommt man auf Grenada damit eigentlich relativ sicher und vor allem schnell an sein Ziel – wobei Nachtfahrten auf den Überlandstrecken dann doch ein Kapitel für sich sind.

Solch ein Minibus sieht im Übrigen so aus:

Auf quietschenden Reifen durch Grenada – der Minibus

Ab und zu kann so ein Minibus auch einmal etwas überfüllt sein, da die Fahrer natürlich so viele Einnahmen wie möglich generieren wollen. So waren auf meinem Rückweg von Grenville nach St. George's ganze 17 Erwachsene und sieben Kinder auf den 15 vorhandenen Sitzmöglichkeiten verteilt. In Europa würde man das wohl Überlastung nennen, hier in Grenada ist das Effizienz.

Neben dem Haupt-Terminal in St. George's befindet sich in Grenville auch der zweitgrößte Anfahrtspunkt der Minibusse – ist Grenville mit seinen 2.400 Einwohnern doch die zweitgrößte Stadt Grenadas.

Während meines Besuches herrschte gerade reges Treiben in der Stadt, da auch hier wie fast in ganz Grenada am Samstag der wöchentliche Markttag stattfindet.

Die Straßen von Grenville

Fischmarkt in Grenville

Grenville befindet sich an der gleichnamigen Bucht Grenville Bay, die ich eine Weile entlangspazierte, bis der Strand irgendwann aufhörte und Felsklettern notwendig wurde. Zum Baden gibt es angesichts der starken Veralgung definitiv schönere Strände, aber zum Fotografieren eignete sich die Landschaft um die Grenville Bay herum allemal.

Wer also eine Tour entlang der Ostküste unternimmt, sollte durchaus einmal in Grenville halten. Die lebendigen Straßen sowie die schöne Grenville Bay bilden eine attraktive Kombination aus Stadt und Natur.

Impressionen von der Grenville Bay

Erkundungen: Der Nordwesten von Grenada

Die Concord Falls

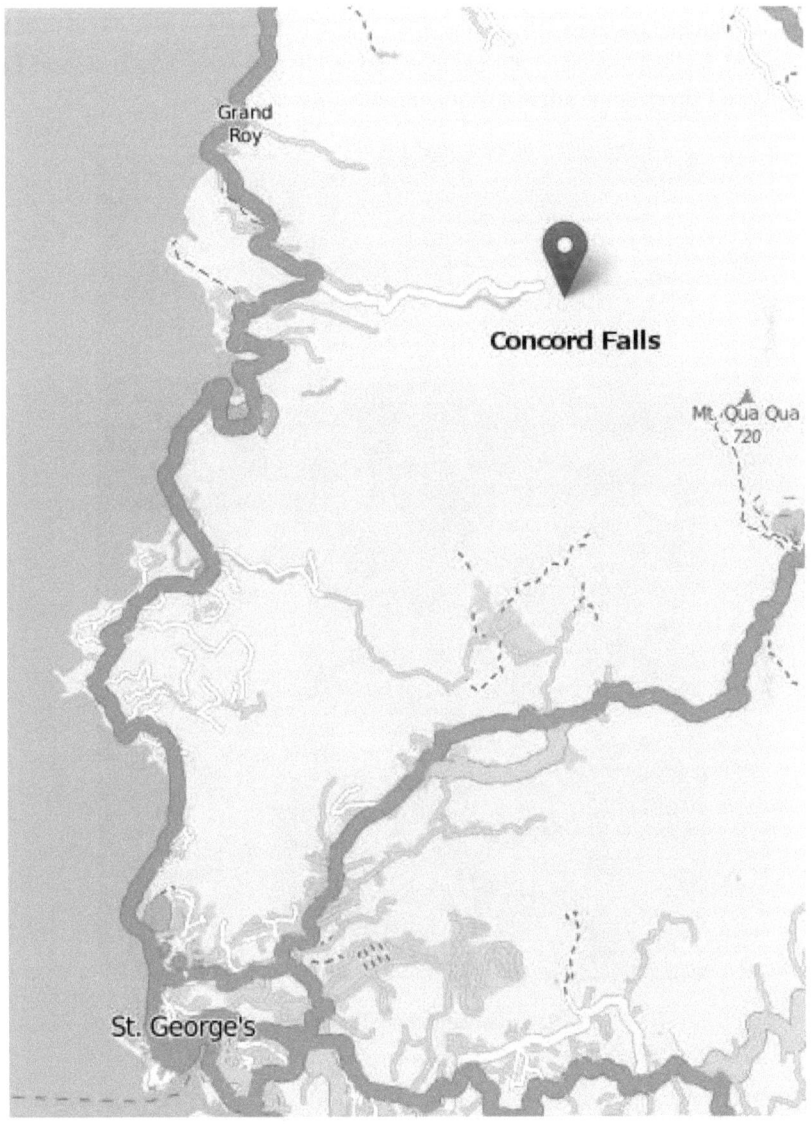

Auch in den folgenden Wochen bestimmten meine Erkundungen per Minibus die Wochenendplanungen. Schließlich gab es auf der für mich noch neuen Insel viel zu entdecken. Eines der Ziele waren dabei die Concord Falls, die zu den zahlreichen Wasserfällen auf Grenada gehören. Diese sind über eine etwa drei Kilometer lange, stetig ansteigende Straße zu erreichen, die allerdings so gut wie nicht von Autos befahren wird. Sie windet sich durch das tiefgrüne Concord Valley, wo sich zahlreiche wichtige Nutzpflanzen wie Bananen, Papayas und Brotfrüchte am Straßenrand finden lassen.

Bananenvielfalt am Straßenrand

Auch Papayas waren auf dem Weg zu den Concord Falls zu erspähen.

Nach den erwähnten drei Kilometern kommt man schließlich zum unteren Concord Wasserfall, der allerdings zunächst relativ unspektakulär wirkt.

Der untere Concord Wasserfall

Auf jeden Fall empfehle ich daher die anschließende Wanderung zum oberen Concord Fall. Dorthin führt keine Straße mehr, sondern nur eine Art Trampelpfad, wobei man hierbei insgesamt sechs Mal den Fluss überqueren muss – von hilfreichen Brücken fehlt dabei weit und breit jede Spur.

Auf dem Weg zum oberen Teil der Concord Falls gilt es, mehrere Flüsse zu queren.

Ungefähr eine halbe Stunde dauerte dieser zusätzliche Aufstieg bei meiner Wanderung. Hierbei mussten die letzten hundert Meter schließlich noch mittels akrobatischer Kletterübungen überwunden werden, da der Weg dann aufhörte und man nur über große Felssteine im Flussbett vorankam. Letztendlich war die finale Aussicht all der Mühe wert, denn der obere Wasserfall der Concord Falls erwies sich als wesentlich beeindruckender, ursprünglicher und paradiesischer als der untere Wasserfall.

Paradiesisch anmutende Aussicht: der obere der Concord Falls

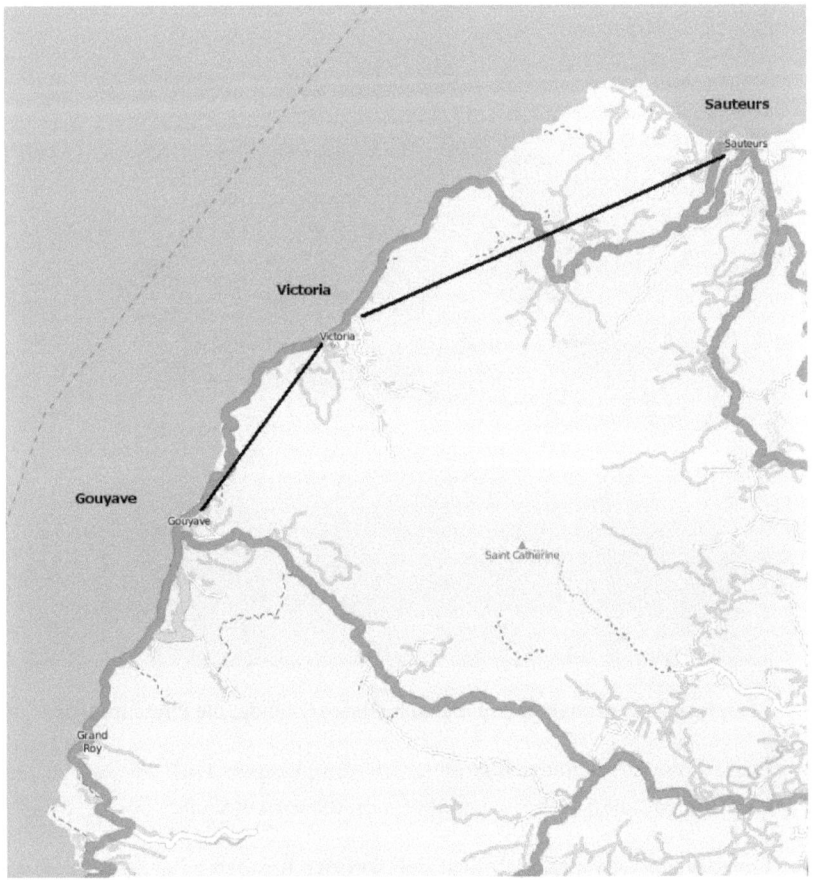

Auf der Küstenstraße unterwegs nach Norden

Wer die Küstenstraße bei der Abzweigung zu den Concord Falls weiter nach Norden fährt, kommt zunächst im Fischerstädtchen Gouyave vorbei, welches berühmt für den allwöchentlichen „Fish Friday" ist – alles zu meinen Erlebnissen beim Fish Friday, einem allwöchentlichen Fischerfest mit karibischer Musik, entspannter Stimmung und natürlich viel frischem Fisch, findet sich in einem späteren Kapitel dieses Buches. Weiter in Richtung Norden geht es nach Victoria bis hin zur nördlichsten Stadt der Insel, Sauteurs, mit nur sage und schreibe 1.300 Einwohnern. Da es hier kaum Hotels oder Gasthäuser gibt, ist die Landschaft entsprechend unberührt und auch an die Sauteurs Bay verlieren sich so gut wie keine Menschen.

Tropische Landschaften und menschenleere Strände: die Sauteurs Bay

Das obere Foto der Sauteurs Bay entstand vom „Leapers Hill" aus, der in weniger als fünf Minuten vom Busbahnhof in Sauteur zu erreichen ist.

Der Leapers Hill war der letzte Zufluchtsort der Karibenindianer, kurz bevor die Franzosen im 17. Jahrhundert zur endgültigen Ausrottung der Ureinwohner ansetzten. Die letzten echten Karibenindianer hatten sich bereits hierher in den Norden verzogen, als die französischen Besatzer den Süden der Insel überfielen. Als diese nun auch in den Norden vordrangen, sprangen einige Mutige, die sich nicht versklaven oder ermorden lassen wollten, den Überlieferungen nach eben über jene Klippe, die heute unter dem Namen „Caribs Leap" bekannt ist.

Blick ins offene Meer: Die Klippe „Caribs Leap"

Einige Meter vor dieser Klippe erinnert ein Denkmal an dieses historische Ereignis.

Das Steindenkmal am Caribs Leap

Trotz dieser Aussicht mit tragischem Hintergrund bezauberte mich dieser Ort mit tollen Ausblicken auf die Nordküste Grenadas: auf die Sauteurs Bay sowie auf die Irvins Bay.

Der Blick auf die Irvins Bay

Sauteurs selbst bot kaum weitere nennenswerte Attraktionen. Allerdings entdeckte ich bei meinem Abstecher eine Eisdiele, bei der ich zum ersten Mal die Eissorte mit dem wichtigsten Exportprodukt Grenadas probieren konnte: Muskatnuss(-Eis). Mein Urteil: durchaus essbar! 😁

Nach diesem süßen Vergnügen erkundete ich noch ein wenig die Gegend rund um Sauteurs. Zwar finden sich in der Umgebung keine weiteren Non-Plus-Ultra-Sehenswürdigkeiten, die man als Tourist unbedingt besucht haben muss, allerdings fand ich auf dem Weg zwei wirklich tolle versteckte Buchten, die von mir definitiv das Prädikat „besonders karibisch" erhalten.

Die Gegend um Sauteurs – Prädikat: „besonders karibisch"

Das Zentrum der Insel

Das Gebirgsmassiv Grand Etang und der Nationalpark

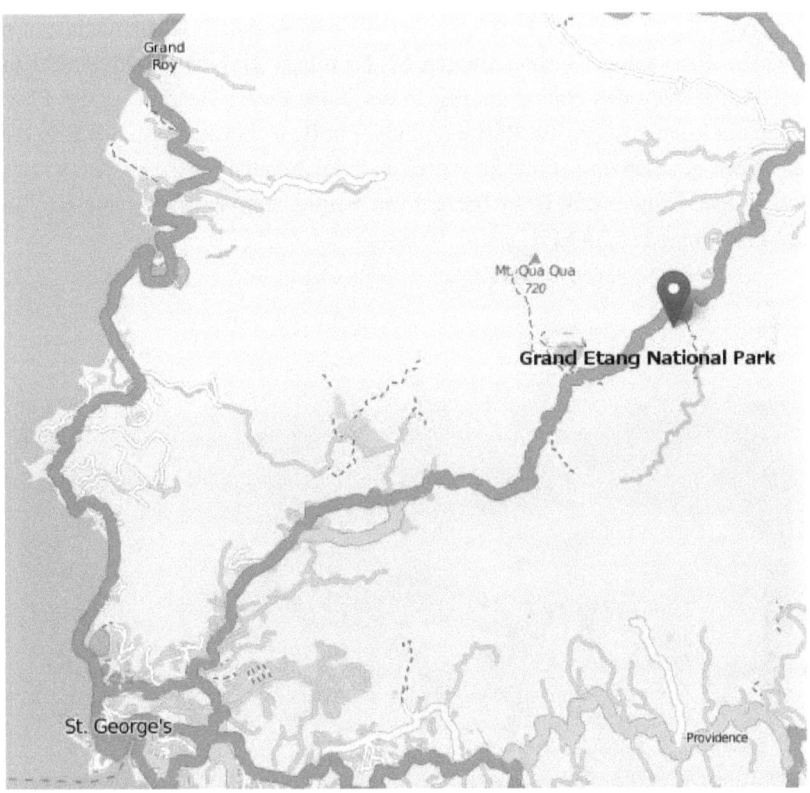

Nachdem ich mir mit den Concord Falls und vor allem durch meinen Aufenthalt in Sauteurs einen Überblick über den Norden der Insel verschafft hatte, ging es nun mitten hinein ins Zentrum von Grenada. Hier erhebt sich mit dem Grand Etang Massiv ein – gemessen an der Größe der Insel – ordentlich großes tropisches Gebirge. Sein höchster Berg, der Mount St. Catherine, den ich im Laufe meines Insellebens noch besteigen sollte, kommt immerhin auf knapp 900 Meter Höhe. Auch die Straße, die den Sattel überquert, führt innerhalb von nur 20 Kilometern zunächst auf 600 Höhenmeter hinauf, ehe es über viele Serpentinen wieder herunter an die gegenüberliegende Küstenseite geht.

Auf der Spitze eben jener kleinen Gebirgsstraße, die mir bei meiner ersten Minibusfahrt bereits viel Spaß – und Schrecken – bereitet hatte, befindet sich der Grand Etang National Park, das vielleicht wichtigste Naturschutzgebiet in Grenada. Eine seiner Besonderheiten ist der relativ einfach zugängliche Kratersee im Herzen des Nationalparks. In der Nähe dieses Herzstücks des Parks liegen ein kleiner Shop, ein Restaurant und ein Besucherzentrum, die direkt an der Straße gelegen und somit für Anreisende leicht auffindbar sind. Eintritt für Nationalpark sowie das Besucherzentrum betrug zum Zeitpunkt meines Besuchs im Übrigen 5,34 EC$, also 1,50 €.

Die Restaurants am Nationalpark

Das Restaurant daneben trägt den Namen „Rainforest Restaurant and Monkey BarZ" – und dies nicht umsonst Denn hier ist eine seltene Affenart, der „mona monkey" oder zu Deutsch auch „Monameerkatze," beheimatet, die direkt in den Bäumen hinter dem Restaurant lebt.

40

Haariger Nationalparkbewohner: die Monameerkatze

Die größte Attraktion im Grand Etang National Park bleibt aber der gleichnamige Kratersee. Der 5-minütige Weg zum Grand Etang Lake startet zwei Kurven unterhalb des Besucherzentrums an einem Schild, das man kaum übersehen kann. Auf dem Weg zum See finden sich – ebenso wie im gesamten Park-Areal – einige interessante Pflanzenformen. Für mich gehören sie mittlerweile gewissermaßen zum „Standard-Arsenal" von Grenada, bei Ihrem ersten Anblick wirken sie für einen Inselbesucher jedoch besonders beeindruckend.

Auf Tuchfühlung mit dem Roten Samtingwer

Die tropische Helikonie mit ihren Blütenkaskaden

Bei erster Betrachtung wirkte der See an sich relativ unspektakulär. Seine Besonderheit liegt in seiner geologischen Tiefe, denn Grenada ist neben Dominica die einzige Insel mit einem See, bei dem man davon ausgeht, dass er vor zehntausenden Jahren als Krater entstanden ist. Am nächsten kommt man dem Grand Etang Lake direkt an seinen Ufern, den besten Überblick hat man jedoch vom Besucherzentrum aus.

Naturphänomen: Ausblick auf den uralten Kratersee am Grand Etang

Neben dem kleinen Weg zum See gibt es auch noch zwei kurze Trails zu verschiedenen Aussichtspunkten. Hinter dem kleinen Informationszentrum startet etwas versteckt ein Weg, von dessen Ende aus man auf den Nordwesten Grenadas in Richtung Grenville blicken kann.

Aussicht auf Grenville – versteckt in den Tiefen der tropischen Vegetation

Den zweiten Aussichtspunkt bildet der Beausejour Lookout, zu dem westlich vom Besucherzentrum ein Weg startet, der rund zehn bis 15 Minuten in Anspruch nimmt. Auch hier bot sich mir ein weiter Ausblick über Grenada sowie die beeindruckende üppige Vegetation der ganzen Insel.

Üppiges Grün im Herzen der Insel

45

Vom Ende des Beausejour Lookout-Trails folgt man der Straße dann etwa 300 Meter nach oben, sodass man wieder am Besucherzentrum ankommt und seinen Tag fortsetzen kann – entweder mit der Rückfahrt in Richtung Grenville oder Saint George's oder, so wie ich, mit dem Besuch der Seven Sister Falls.

Aufstieg und Abkühlung an den Seven Sister Falls

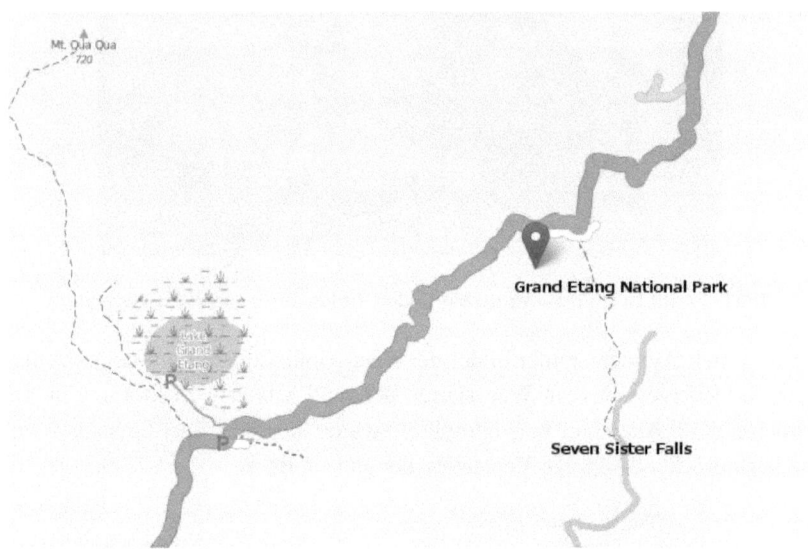

Diese Serie von Wasserfällen gehörte für mich zu einer der spannendsten Sehenswürdigkeiten auf Grenada überhaupt. Dorthin verschlug es mich nur wenige Wochen nach meinem Ausflug zum Grand Etang – und mittlerweile hatte ich einen ersten Besuch aus Deutschland als Begleitung dabei. Der Startpunkt, von dem aus man an zu den Wasserfällen spazieren kann, ist nur rund drei Kilometer unterhalb des Grand Etang Besucherzentrums und kann wie das Zentrum selbst ebenfalls am besten per Minibus oder Taxi erreicht werden.

Am kleinen Eingangshäuschen mussten wir zunächst einen Eintritt von 5 EC$ pro Person bezahlen – dieser wird erhoben, da der Weg zu den Seven Sister Falls über eine Privatplantage führt. Dafür hatten wir auf diesem Weg die Gelegenheit, viele verschiedene und interessante Früchte zu sehen. Meine interessantesten „Fundstücke" waren eine Ananas …

Eine Ananas in „freier Wildbahn"

… sowie das Nationalsymbol von Grenada: die Muskatnuss.

Grenadas Exportprodukt – die Muskatnuss

Alle Besonderheiten der Vegetation und der dort vorkommenden Gewächse wurden uns von unserem Guide Cliffon, der in dieser Gegend von Zeit zu Zeit Führungen macht, ausführlich erläutert. Er erklärte sich am Anfang der Tour bereit, uns zu den Wasserfällen zu führen und war mit nur 30 EC$ nicht nur preislich sehr erschwinglich, sondern auch sehr nett, freundlich und hilfsbereit.

Nach dem Weg durch die Plantage folgte ein Trail durch den tropischen Regenwald. Dieser ging wortwörtlich über „Stock und Stein". Nach weiteren 20 Minuten Wanderweg vom Ende des Plantagenanwesens aus waren wir am unteren Wasserfall der Seven Sister Falls angekommen.

Der untere Teil der Seven Sister Falls

Anschließend entschieden wir uns noch für den Aufstieg zu den oberen Wasserfällen. Es sind nicht alle der sieben Fälle zugänglich und direkt einsehbar, die mittleren sind es nur, wenn man eines macht: die am höchsten gelegenen Wasserfälle hinunterspringen. Von ganz oben hat man zumindest einen guten Blick auf die Fälle Nr. 1 und 2. Der Trail hierher ist jedoch extrem steil, sodass der Aufstieg mehr einer Kletterpartie anstatt als einer Wanderung gleicht. Kaum ist man jedoch oben angekommen, gibt es als Belohnung für die Mühen einen schönen Blick auf die ersten zwei Wasserfälle der Seven Sister Falls sowie auf den davor liegenden Flusslauf.

Der Flusslauf bei den Seven Sister Falls aus der Vogelperspektive

Am reißenden Gewässer

Oben hat der Besucher dann die Wahl: Man kann entweder wieder zurückklettern oder herunterspringen. Wer springt, muss aber alle Wasserfälle hinunter, da es unterwegs keine „Ausstiegsmöglichkeit" gibt. Da ich bereits den größten Wasserfall von unten gesehen hatte (Nr. 2), entschied ich mich meiner Gesundheit zuliebe doch gegen das Springen und für das Zurückklettern. Wer mag, kann sich natürlich gerne dieser kleinen Mutprobe stellen und hier ein einmaliges „Wasserfall-Springen" erleben, was jedoch auch nicht ganz ohne Risiko ist. Dafür berichteten mir Freunde und Bekannte, die dies schon gemacht hatten, einstimmig von einem tollen Erlebnis. Für mich waren die Wasserfälle aber auch ohne Springen beeindruckend genug.

Dafür hatten meine Begleitung und ich dann noch ein Erlebnis der anderen Art. Wieder zurück an den unteren Wasserfällen, gab es ein erfrischendes Bad im kühlen Wasserfall-Becken. Während in Grenada sonst eher Hitze, tropische Wärme und häufig auch die entsprechenden Wassertemperaturen vorherrschen, kostete das Schwimmen in diesem natürlichen „Pool" mit seiner nahezu ungewohnten Temperatur von etwa 20 Grad einen kleinen Moment

Überwindung. Schließlich war es jedoch eine traumhafte Erfrischung, die ich mir später an so manch anderem heißen Karibik-Tag wieder herbeigewünscht habe.

Schöne Erfrischung: ein für karibische Verhältnisse „eiskaltes" Wasserfall-Bad

Hier gab es für uns im Anschluss noch ein weiteres interessantes Spektakel zu bewundern. Unser Guide wollte uns beiden, die beim Wasserfall-Springen ihre Bedenken hatten, zumindest kurz zeigen, wie so ein Sprung aussehen kann. Er kletterte an der steilen Felswand hoch, wärmte sich kurz auf und vollführte schließlich einen Salto aus ungefähr 10 Metern Höhe.

Aufwärmen ...

... und los!

Nach diesem Bade- und Naturerlebnis ging es nun wieder den Trail zurück in Richtung Plantage und Empfangshäuschen. Leider war die Wirkung unseres erfrischenden Bades schnell wieder verflogen, denn bei den vielen Wasserfällen der Seven Sister Falls läuft man zunächst in einer Art Tal – und auf dem Rückweg geht es dementsprechend mit viel Anstrengung und Schweiß wieder nach oben.

Dennoch waren die Seven Sister Falls letztendlich ein wunderschönes Ausflugsziel – nicht zuletzt dank unseres sehr informativen Guide, aufgrund des tollen Naturschauspiels, der herrlichen Erfrischung am Wasserfall sowie des abwechslungsreichen Weges mitten durch die Plantage.

Ein neu entdeckter Sport: Die Welt des „Hashing"

Zusammen mit dem Wanderausflug zu den Seven Sister Falls fiel für mich auch die Entdeckung eines völlig neuartigen „Sports": dem Hashen. Dies ist – in aller Kürze erklärt – eine Kombination aus einem Walk oder Run durch den tropischen Regenwald, der immer einen neuen Verlauf nimmt, mit einer geselligen After-Party, auf der im Anschluss mit viel Musik und Bier gefeiert wird. Während ich im Jugendalter das Wandern noch gehasst habe wie die Pest, stehe ich seit meiner Ankunft auf der Insel nun fast jeden Samstag im Kreise der „Grenada Hash House Harriers" – kein Wunder, ist es doch ein einmaliges und Insel-spezifisches Erlebnis, mit dem ich bisher immer wieder die Daheimgebliebenen in Deutschland verblüffen und neidisch machen konnte.

Doch was ist überhaupt dieses „Hashen", das sich mittlerweile als so etwas wie meine Standard-Routine für den Samstagnachmittag etabliert hat?

Zunächst einmal scheint es recht schleierhaft, was das Wort „hash" – das soviel wie „Gehacktes" oder „klein schneiden" bedeutet – mit einer Wanderung durch den Regenwald von Grenada zu tun hat. Wenn man jedoch weiß, dass man bei dieser karibischen Schnitzeljagd einer Spur aus geschnipselten Papierresten folgen muss, um den richtigen Weg zu finden, wird das Ganze schon klarer. Spannend an der ganzen Sache ist vor allem, an welche entlegenen Ecken der Insel einen der Hash das nächste Mal führt und welche Naturhindernisse sich dem Hasher diesmal in den Weg stellen.

Das Hashing auf Grenada läuft meist folgendermaßen ab: Meist treffen sich zwischen 100 und 300 Personen an einem vorher festgelegten Ort. Von Jung bis Alt, vom Einheimischen bis zum Touristen und von sportlich bis gedrungen ist hier alles dabei. Die Veranstaltungen werden durchnummeriert, sodass besondere Hashes wie die Nr. 700 oder Nr. 750 wie runde Geburtstage als eine Art Meilenstein gefeiert werden. Zu solchen besonderen Events wie den Jubiläumshashes können auch mal um die 500 Leute anwesend sein.

Enthusiastische Hasher vor dem Start

Der Hash auf Granada startet nahezu jeden Samstag um 16:00 (in der Winterzeit aufgrund des kürzeren Tageslichts um 15:30). Zunächst stimmt in der Regel ein „Hashmaster", also der Organisator des jeweiligen Treffens, die Anwesenden mit einer kurzen Ansprache auf den bevorstehenden Hash ein – bei meinen ersten Hashes erfolgte das durch den Hashmaster „Softwood".

„Softwood"? Eine weitere interessante Begleiterscheinung bei diesem typisch grenadischen Sport sind die so genannten „Hashnames", wie der soeben erwähnte. Diese werden zumeist vom Hashmaster an die Hasher verliehen und richten sich nach besonderen Eigenschaften oder außergewöhnlichen Vorfällen – und in der Regel ist die Namensgebung auch ein klein wenig fies. Unter anderem waren während meiner Hashes somit jede Woche „Toilet Paper", „Granny Grabber", „Tight Hole" oder „Doggie Style" anwesend – warum und wie die einzelnen Teilnehmer ihren individuellen Namen bekommen haben, bleibt an dieser Stelle der Phantasie überlassen.

Ich persönlich habe nach zwei Jahren Hashen ebenfalls einen eigenen „Hashname" bekommen, mit „Banana Split" wurde mir aber ein vergleichsweise humaner Name verpasst. Der Grund dafür war, dass ich mich bei einem Abstiegsmanöver an einem Bananenbaum festgehalten hatte, der allerdings leider ein wenig locker und instabil war. Der Bananenbaum und ich fielen um, wurden dabei beobachtet, und ich war fortan unter „Banana Split"bekannt.

Die anfängliche Einstimmung durch den Hashmaster ist der Augenblick, an dem neue Schuhe mit Bier eingeweiht oder die neu hinzugekommenen Hasher, die sogenannten „Virgins", von der Gruppe begrüßt werden. Diese ganzen Prozeduren mögen anfangs etwas verwirrend sein, gehören aber mittlerweile zum immer wieder gern gesehenen Standard-Ablauf. Je nach Trail gibt auch der „Hare", der Initiator des jeweiligen Runs, noch einige Hinweise zu den Besonderheiten des bevorstehenden Laufs.

Anschließend geht es auch schon los; mit einem lauten "ON ON!" wird der Startschuss gegeben. Ein im Normalfall mehr oder – im seltenen Fall – weniger anspruchsvoller Trail liegt vor allen Hashern. Der Trail, den die sogenannten „Harriers" (Männer) und „Harriettes" (Frauen) absolvieren müssen, teilt sich meist in einen Walkers- und einen Runners-Trail auf. Letzterer enthält meist eine Extra-Runde an einer bestimmten Kreuzung oder einige nette zusätzliche Twists: steile Anstiege oder kleine „Gemeinheiten" wie Flussdurchquerungen, Klippen, Seilsektionen oder Schlammbahnen. Damit man den richtigen Weg auch findet, gibt es in regelmäßigen Abständen kleinere Haufen von Papierschnipseln zu entdecken, die vorher sorgsam vom Hare ausgelegt wurden. Doch diese können auch schon mal ein wenig versteckt liegen.

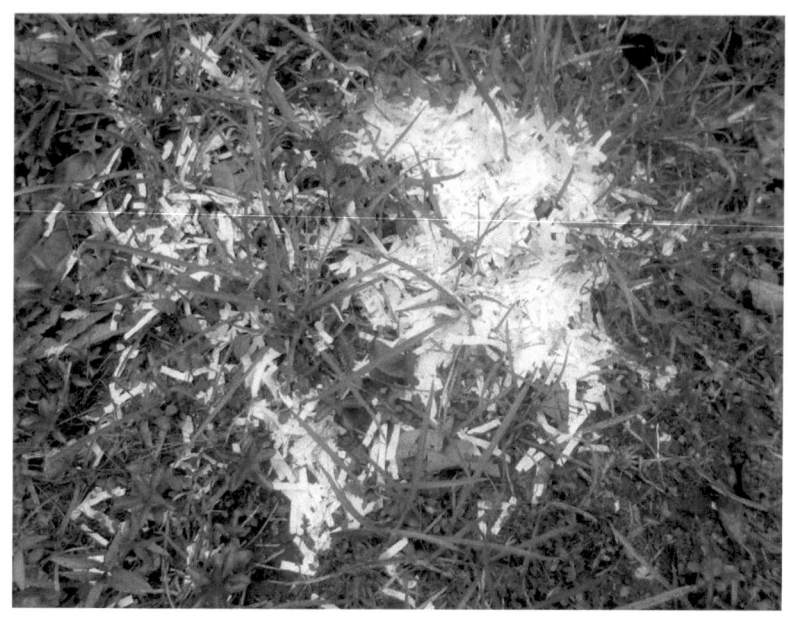

Schnipseljagd auf Grenada

Insgesamt dauert eine Hashrunde meist zwischen 45 und 90 Minuten, doch das ist immer abhängig vom Trail, dessen Schwierigkeitsgrad und dem eigenen Lauftempo. Der Wegverlauf reizt meist die ganze Bandbreite dessen aus, was die Umgebung auf der Insel zu bieten hat: dichten Regenwald, tolle Aussichten, schwierige Anstiege oder kleinere Stücke entlang der Straße. Gerade weil man nicht weiß, was einen erwartet, ist das Ganze so spannend.

Ein weiterer Faktor, der für ein besonderes Lauferlebnis sorgt, ist der Untergrund: Ist in den Stunden zuvor gerade ein schöner tropischer Regenguss heruntergekommen, wird es im Gegensatz zu einem Hash bei trockener „Piste" eine richtig matschige Angelegenheit. Schuhe und Beine können nach so einem Lauf durchaus eine etwas andere Farbe annehmen.

Ergebnis meines ersten Hashs – der mir als gemütlicher Waldspaziergang versprochen wurde

Besonders schön ist natürlich, dass man – da ein Hash jedes Mal in einer anderen Gegend von Grenada stattfindet – stets die Insel von einer anderen Seite sieht. Denn die Hash-Läufe führen über Wege, Straßen und „Nicht-Wege", die man alleine niemals gesehen hätte. So startete zum Beispiel der Hash 694, einer meiner ersten Hashes, am Grand Etang Lake und ging durch dichten Regenwald und unberührte Natur.

Querfeldein durch den Wald: einer meiner ersten Hashes durch den Grand Etang National Park

Auch schöne Ausblicke gab es ab und an zu bestaunen: Der Hash 699, der ebenfalls noch ganz am Anfang meiner „Hash-Karriere" stand, führte von seinem Startpunkt kurz unterhalb des Mount Airy zunächst in Richtung flachere Gefilde, um am Schluss einen knackigen Anstieg für mich bereitzuhalten. Nachdem man diesen aber bezwungen hatte, wurde man immerhin mit dem folgenden Ausblick belohnt.

Ausblick von Mt. Airy auf die Südostküste

Nicht zuletzt ist eine weitere schöne Seite der Hash-Tradition die lockere karibische (Sommer-)Party im Anschluss. Bei Musik, lokalem Essen, entspannten – und komplett geschafften – Hashern sowie Carib 3 für 10 EC$ lässt sich ein angenehmer Abend unter Gleichgesinnten verbringen.

Nach der Anstrengung das Vergnügen: die After-Party

Entscheidend für die Atmosphäre einer After-Hash-Party ist übrigens nicht nur die Location, sondern auch, dass die Barbetreiber – dies sind stets Bewohner des Hash-Austragungsortes – für genügend Getränke gesorgt haben. Während der Hashs im August und September 2012, ein Jahr nach meiner Ankunft auf der Insel, schafften es die durstigen Hasher meines Wissens nach gleich fünfmal in Folge, die Bar sprichwörtlich leer zu trinken. Und vor allem wenn die Carib- oder Stag-Biervorräte einmal alle sind – die zwei in Grenada gebrauten Sorten –, leert sich die Location immer ziemlich schnell …

Alles in allem ist das Hashing in Grenada eine tolle Möglichkeit, um eine kleine sportliche Herausforderung mit dem Entdecken unberührter Gegenden dieser so vielfältigen Karibik-Insel zu verbinden. Durch die verschiedenen Schwierigkeitsstufen ist für jeden was dabei und bisher wurde auch noch niemand im grenadischen Regenwald vergessen, der sich bei der vorhergehenden „Schnipseljagd" verlaufen hatte. Die anschließende Karibik-Party stellt immer wieder den entspannten Abschluss eines ereignisreichen Tages dar.

Feste feiern, wie sie fallen

Feiertage in Grenada

Wo es im vorherigen Kapitel schon um das Feiern auf der Insel ging: In Bezug auf seine Feiertage hat Grenada für den fremden Besucher so einige Eigenarten zu bieten. An dieser Stelle über die üblichen Daten wie Ostern und Pfingsten zu schreiben, wäre sicher langweilig, doch Grenada ist in einer Sache richtig kreativ: dem spontanen Ausrufen von Feiertagen von offizieller Seite.

Meine erste Begegnung mit dieser doch sehr interessanten Form der „regierungsseitigen Freizeitbeschaffung" – auf den Gedanken würde man in Deutschland nie und nimmer kommen! – hatte ich im Dezember 2011. Wie in Deutschland sind in Grenada der 25. und 26. Dezember gesetzliche Feiertage, doch eine Woche vor Weihnachten bemerkte die grenadische Regierung plötzlich, dass der 25. Dezember in diesem Jahr auf einen Sonntag fiel. Also wurde Mitte Dezember schnell eine Regierungserklärung herausgegeben, auf dessen Anweisung hin der 25. Dezember nachzufeiern sei – und zwar direkt im Anschluss, am 27. Dezember, der damit ein „Upgrade" zum Feiertag erfahren hatte. Nett!

Die zweite spannende und vielleicht noch kuriosere Anekdote zum Thema „Feiertag" gab es im Sommer 2012. An diesem Tag, genauer gesagt am 06. August, stand bei den Olympischen Spielen in London das Finale beim 400m-Sprint der Männer an. Einer der Favoriten war dabei der grenadische Medaillenkandidat Kirani James, seines Zeichens bereits Weltmeister der Leichtathletik-Weltmeisterschaft in Daegu 2011. Letztendlich schaffte er tatsächlich das schier Unglaubliche: Für das kleine Grenada, das über weniger Einwohner als Orte wie Bottrop, Recklinghausen oder Bremerhaven verfügt, gewann Kirani James die olympische Goldmedaille in 43,94 Sekunden. Die Insel stand Kopf, unglaubliche Jubelszenen spielten sich ab und auch die Regierung würdigte dieses große Ereignis. Am nächsten Tag, den 07. August, war für ganz Grenada ab Mittag Feiertag – was für alle Grenadier einen Büroschluss um 12:30 bedeutete.

Aller guten Dinge sind drei: Im Februar 2013 gewann die in der Opposition sitzende New National Party die Wahlen mit einem deutlichen Sieg. Deutlicher konnte ein Wahlergebnis in diesem Fall kaum sein, da sie anschließend alle 15 Sitze im Parlament von Grenada besetzen konnte. Gewissermaßen als Wahlgeschenk gab es daher am 22. Februar ebenfalls einen landesweiten Feiertag – und das selbstverständlich für alle Bürger, sodass sich die Anhänger der unterlegenen Partei ihren Frust über die Wahlniederlage wahlweise mit Carib oder Rum wegtrinken konnten. ☺

Grenada im Ausnahmezustand: Spicemas (Karneval)

Gelegenheiten zum Feiern schaffen sich die Inselbewohner also notfalls selbst – doch wie wird denn nun gefeiert? Nach gerade mal zwei Monaten Aufenthalt auf der Insel kam ich das erste Mal in den Genuss, DAS Ereignis eines jeden Jahres auf Grenada mitzuerleben. So ruhig die Insel sonst immer wirkt, so dörflich das Lebensgefühl auf Grenada manchmal ist und so „laid-back" wie ihre Einwohner manchmal erscheinen mögen – zum Karneval, dem so genannten Spicemas, brechen hier alle Dämme und sowohl die Insel als auch die Einheimischen sind nicht wiederzuerkennen. Für mich war es 2011 der erste – aber nicht der letzte – Karneval auf Grenada, entsprechend neu und spannend waren alle Eindrücke vom Fest. Doch wie läuft das Ganze eigentlich ab?

Spicemas findet immer Anfang August statt, wobei schon in den Wochen zuvor die Bandcontests verschiedener inseltypischer Musikgenres sowie Auftaktveranstaltungen und Prämierungen der Gewinner der vielzähligen Karnevals-Wettbewerbe auf dem Programm stehen. Je näher das Karnevalsdatum rückt, desto spannungsgeladener wird die Atmosphäre. Am ersten Augustwochenende sowie den anschließenden Tagen ist es dann soweit: Es folgt der Höhepunkt – der Karneval in Grenada. Um das Wochenende herum finden vor allem Musikveranstaltungen statt – sprich die finalen Runden der Bandwettbewerbe. Dazu zählen unter anderem das „Soca Monarch Final" am Freitag, das ich genauer im nächsten Kapitel beschreiben werde, und die Calypso Show am Dimanche Gras Sunday. Die sogenannte „Soca Music" ist die beim Karneval vorherrschende Musikrichtung, die auf vielen karibischen Inseln ohnehin ganzjährig gespielt wird –so auch in Grenada. Soca ist eine schnellere und tanzlastigere Weiterentwicklung von Calypso, die in der Karibik eine ebenfalls weit verbreitete Musikform darstellt. Diese legt im

Gegensatz zum Soca jedoch mehr Wert auf die Textinhalte selbst als auf groovige Sounds. Beim Dimanche Gras Sunday sind die Steelpan-Bands an der Reihe. Diese ebenfalls in der Karibik weit verbreitete und vor allem bei Urlauben beliebte Musikform – da herrlich Klischee-erfüllend – besteht ausschließlich aus akustischen Klängen.

Mit dem sogenannten „J'Ouvert" – auch „Jab Jab" genannt – geht es anschließend am Montag weiter, und das in aller Frühe. Das Jab Jab findet nämlich zwischen 04:00 (!) und 08:00 Uhr morgens statt – wahrscheinlich, weil vor Sonnenaufgang die Temperaturen noch am angenehmsten sind.

Diese Veranstaltung dürfte weltweit so ziemlich einzigartig sein. Das Besondere neben der ungewöhnlichen Uhrzeit ist: Die Karneval-Teilnehmer schmieren sich beim Jab Jab komplett mit bunter Farbe ein und folgen dann wild tanzend den langsam fahrenden Trucks, die mit laut schallenden Boxen durch die Straßen ziehen. Zwischendurch gibt es auf dem Weg immer wieder kleine Lieferwägen, an denen man Nachschub kaufen kann – keinen Alkoholnachschub wohlgemerkt, sondern mehr Farbe.

Hier einige Bilder und Eindrücke vom J'Ouvert:

Das J'Ouvert – der bunte Umzug am Karnevalsmorgen

Am (Mon-)Tag selbst kehrt dann wieder Ruhe in Grenada ein, schließlich müssen sich alle Karnevalisten auf das nächste Highlight am Abend vorberei- ten – der „Monday Night Mas" steht an. Hierbei handelt es sich um eine ein- drucksvolle Parade von tanzwütigen, bunt gekleideten und häufig bunt be- leuchteten Umzugsteilnehmern. In Kombination mit der typischen Spicemas- Musik, dem Soca, entsteht so ein unvergessliches Spektakel auf der Straße. Gerade am Montag und Dienstag werden nahezu ständig dieselben zehn Songs gespielt, nämlich die, die beim Soca Monarch Wettbewerb des jeweiligen Jahres vorherrschend waren.

Der Anfangspunkt des Umzuges im Rahmen des Monday Night Mas startet direkt am touristischen Zentrum von Grenada, der Grand Anse, was im Fran- zösischen soviel wie „Bucht" bedeutet, und führt schließlich bis in die Stadt von St. George's hinein.

Lichtermeer in der Dunkelheit: „Monday Night Mas" in Grenada

67

Die letzte Veranstaltung und zugleich auch der Höhepunkt des Karnevals in Grenada ist die „Parade of the Bands" am Dienstag. Diese startet am Nachmittag in der Lagoon Road und führt dann ebenfalls bis in die Innenstadt von St. George's hinein. Zunächst werden die Tanzchoreographien einiger Bands – die meist auf einem riesigen Truck mit Boxen vorfahren – vor einer Jury aufgeführt, ehe sich der Umzug mit den zahlreichen Bands und laut dröhnenden Trucks in Richtung der Carenage bewegt und dort mehr und mehr in eine riesige Straßenparty (ver)wandelt – unter den Augen der vielen Zuschauer, sowohl neben als auch auf der Straße. Die „Parade of the Bands" dürfte gemeinsam mit dem Monday Night Mas zweifelsohne mit zu den beeindruckendsten Ereignissen während des Spicemas zählen – was die folgenden Bilder hoffentlich ein wenig verdeutlichen können.

Viele Bands werden während des Karnevals von bekannten einheimischen Marken gesponsert – hier der „Carib"-Umzugswagen.

Das farbenprächtige Finale: Karnevals-Umzug durch die Straßen von Grenada

Ein Band-Truck mit einem Gefolge aus Tänzern – den sogenannten „Masquerades".

Nach diesem turbulenten Karnevals-Spektakel verfällt Grenada regelmäßig in eine kleine Depression – Aschermittwoch eben. Ich selbst kam nach all diesen Erlebnissen der Karnevalstage erschöpft nach Hause und dachte mir einfach nur: „*Wow! Wo kommen all diese Leute her? Wie kann diese Insel so gut feiern? Was für ein tolles Miteinander das war!*" Für mich war mein erster karibischer Karneval einfach der absolute Wahnsinn und das musste ich erst einmal sacken lassen. Allerdings dauerte die Ruhe nicht lange – denn die Vorfreude auf den kommenden Karneval in 2012 begann sich schnell in mir zu regen.

Spicemas – der Wahnsinn geht in die zweite Runde

Ein Jahr später stand also dasselbe Spektakel wieder bei mir auf dem Programm. Alles noch einmal genau so wie gehabt? Weit gefehlt ... viel besser!

Im darauffolgenden Jahr dehnte ich in Begleitung einiger Freunde und Kollegen mein Programm noch aus und wurde so (fast) zu einem echten grenadischen Karnevalisten. So begann unser Karnevalswochenende bereits am Freitagabend mit der „Soca Monarch Show" im Stadion von Grenada. Diese Veranstaltung findet bereits am Freitagabend statt und läutet damit nach Wochen der Vorentscheide, Auftaktveranstaltungen und Karnevalsvorbereitungen das finale Wochenende des Spicemas ein. Zusammen machten wir uns auf den Weg ins Grenada National Stadium und erlebten dort ein famoses Event mit tollen einheimischen Music-Acts, einer mitreißenden Stimmung sowie einer attraktiven Show. Den Eintrittspreis von 50 EC$, was umgerechnet ungefähr 15 Euro sind, war das Ganze definitiv wert und damit auch ein gelungener persönlicher Einstimmung für die folgenden Tage.

Eine unvergessliche Show: Die „Soca Monarch"-Nacht

Übrigens stand der Karneval in jenem Jahr ganz unter dem Motto „Kiranival", denn zu diesem Zeitpunkt war es gerade einmal eine Woche her, dass jener besagte grenadische Sprinter Kirani James bei den Olympischen Spielen in London die Goldmedaille im 200-Meter-Lauf holte und so eine ganze Nation in eine nicht für möglich gehaltene Glückseligkeit stürzte.

Am Samstag- und Sonntagabend fanden dann wieder die weiteren alljährlichen Veranstaltungen im Grenada National Stadium statt, denen ich allerdings nicht beiwohnte. Dies ist zum einen das Finale im Panorama-Wettbewerb, wo sich die inselweit besten Steelbands gegeneinander antreten – Musikgruppen, die hauptsächlich auf den sogenannten Steel Pans, typischen Musikinstrumenten der Karibik, spielen. Der Sonntag steht dann wieder ganz unter dem Motto des Calypso, jener im Vergleich zum Soca deutlich ruhigeren Musikrichtung.

Auch den jährlichen Jab Jab am Montagmorgen ließen wir aus. Dieses unvergleichliche Event hatte ich bereits im Jahr zuvor besucht und mir so einen Eindruck von dieser frühmorgendlichen Farbenschlacht verschafft.

Dafür waren wir dann am Montagabend wieder mit von der Partie, als zum Monday Night Mas aufgerufen wurde. Im Vorfeld hatten wir uns bereits unser Carib Mas Package, bestehend aus T-Shirt, diversen Leuchtutensilien sowie Carib for Free am Abend der Veranstaltung, für 75 EC$ geholt. So waren wir bestens gerüstet für den abendlichen Umzug von Grand Anse nach St. George's. Während ich letztes Jahr also nur in die Gelegenheit kam, von außen zuzuschauen, war ich diesmal mittendrin.

Auch hier wurden unsere Erwartungen wieder mehr als übererfüllt, denn es war eine absolut fantastische Stimmung, während wir uns gemeinsam mit tausenden Mitstreitern der anderen Bands langsam aber sicher in Richtung Kirani James Boulevard, der seinen Namen 2011 nach dem Gewinn der WM in Daegu erhalten hatte, und Carenage bewegten. Die Musik während des Monday Night Mas war wie immer fantastisch. Zwar war grenadische Form des karnevalistischen Tanzens, das „Whining", bei dem man entweder ganz langsam mit gebeugten Knien oder mit sehr engem Körperkontakt tanzt, anstrengend, aber das Erlebnis dafür umso besser. Kurzum: Eine Spicemas-Erfahrung vom Feinsten!

Das Finale fand dann schließlich wie im Jahr zuvor am Dienstag statt: Gegen Nachmittag startete die Parade of the Bands, die wie immer mit einem von lauter Musik begleitetem Umzug begann, währenddessen aber für die Zuschauer selbst relativ ruhig verlief, da es zunächst darum ging, die großartigen Kostüme zu bewundern.

**Prächtige Federn, funkelnde Kostüme – auch 2012 trieben es die Karnevalsbesu-
cher reichlich bunt.**

Anschließend wurde es dann aber wieder interaktiv. Sobald die Trucks mit den
kostümierten Bands im Schlepptau in die Carenage einbogen, steigerte sich der
Karneval zu einem einzigen allumfassenden Fest mit donnernder Musik, vielen

„whinenden" Menschen, die sowohl kostümiert als auch unkostümiert durch die Straßen zogen, begeisterten Zuschauern und einer wirklich einzigartigen Atmosphäre. Wir für unseren Teil entschieden uns, auch hier mittendrin statt nur dabei zu sein und begaben uns damit hinein ins Geschehen aus Tänzern, Trucks mit riesigen Verstärker-Boxen, lauter Musik und ausgelassenen Menschenmassen. Manchmal ist es unglaublich, was selbst deutsche Ohren aushalten können, wenn Sie neben auf karibischer Lautstärke wummernden Boxen mitlaufen.

Reges Treiben in der Abschluss-Nacht

Nach diesem letzten Kraftakt – im wahrsten Sinne des Wortes, denn so ein ganzes Karnevalswochenende schlaucht ordentlich – war auch der Karneval 2012 sowohl für uns als auch für Grenada beendet. Ziemlich geschafft, aber wieder einmal um ein paar unglaubliche Erlebnisse reicher geworden, begaben wir uns auf den Rückweg. Unser extrem abwechslungsreiches Spicemas-Wochenende hatte den Vorgänger von 2011 noch übertroffen. Der Karneval ist ein Event, für das Grenada lebt, für das Grenada steht und ohne das Grenada wohl nicht das wäre, was es ist. Mein Urteil: einfach unglaublich und absolut zur Nachahmung empfohlen!

Strandfieber

Nach den nervenaufreibenden und intensiven Tagen rund um den Karneval war es in den anschließenden Wochen Zeit, wieder einmal die erholsamen Seiten Grenadas kennenzulernen und die Strände der Insel in Augenschein zu nehmen. An dem Strand, den ich hier vorstellen will, kommt keiner in Grenada vorbei – und auch ich hatte ihm gleich in den ersten Tagen meiner Ankunft bereits einen Besuch abgestattet. Er ist der beliebteste Strand der Insel, kann mit den meisten angrenzenden Hotelanlagen aufwarten und war zudem durch die nahe Entfernung zu meiner Wohnung gewissermaßen mein „Hausstrand" – der Grand Anse Beach.

Grenadas Strand Nr. 1: Der Grand Anse Beach

Mein Urteil gleich vorweg: Der Grand Anse Beach schafft es bei mir in die Riege der absoluten Lieblingsstrände – vor allem dank seines unglaublich feinen Sands, seiner Größe, dem klaren türkisblauen Wasser sowie dem einzigartigen Panorama mit den umliegenden Hügeln. Zudem herrscht hier oftmals Menschenleere – trotz der zahlreichen Hotels sowie der Beliebtheit bei den Einheimischen sind hier nur selten zu viele Leute anzutreffen. Genug geschwärmt? Ok, dann folgen hier die Beweise …

Diese makellose Strandlandschaft gehörte jahrelang zu meinem Alltag auf der Insel.

Ich denke, mit diesen Bildern lässt sich ein wenig nachvollziehen, warum ich den Grand Anse Beach derart liebe. Doch was gibt es sonst noch zu diesem ultimativen Ausflugstipp zu berichten?

Lage und Anreise

Der Grand Anse Beach ist knapp drei Kilometer lang und befindet sich an der Südwestküste von Grenada zwischen dem internationalen Flughafen und der Hauptstadt St. Georges, die beide jeweils rund zehn Fahrminuten entfernt sind. Wer nicht in einem der anliegenden Hotels wohnt und mit dem Auto anreist, findet Parkplätze an der ehemaligen, geschlossenen Garfields Beach Bar (Kreisverkehr Richtung Strand in Höhe Wall Street) sowie an der Spiceland Mall, dem größten Einkaufszentrum auf der Insel. Fährt man mit dem Minibus, so nimmt man die Linie 1 und steigt an der Wall Street aus.

Die Hotels entlang des Grand Anse

Die meisten Touristen dürften jedoch direkt am Grand Anse Beach wohnen, da sich einige der größeren Hotels der Insel hier befinden. Da sich in Grenada alles in einem extrem beschaulichen Rahmen abspielt, sind wir hier von Massentourismus à la Dominikanische Republik und Kuba noch weit entfernt, was sich auch sehr oft an der besagten menschenleeren Strandkulisse ablesen lässt. Dank der sehr typischen flachen Bauweise und der überschaubaren Größe stören die Gebäude auch keineswegs das Landschaftsbild. Wer zu einem halbwegs humanen Preis übernachten möchte sollte sich bei den Hotels in Richtung Jenny's Place, The Flamboyant und Allamanda Resort orientieren. Für den (nahezu) unerschöpflichen Geldbeutel empfehlen sich das Spice Island Beach Resort und die Mt. Cinnamon Residences. Daneben ist auch das Radisson Grand Beach Resort ein beliebter Anlaufpunkt.

Gemütlicher Garten im Radisson Grand Beach Resort

Restaurants und Bars

Natürlich wollen anreisende Touristen auch allesamt verpflegt werden. Die Hotels, verfügen selbstverständlich alle über ein Restaurant – davon ist aber eigentlich nur die Bar des Flamboyant, „The Owl", zu empfehlen, die als lockeres Strandkneipchen durchgeht. Neben diesen Anlaufmöglichkeiten ist die unangefochtene Nummer eins am Grand Anse Beach die Umbrella's Beach Bar mit Restaurant. Dieses vor vier Jahren eröffnete legere Strandrestaurant vereint günstige Drinks, leckere Cocktails, kleine Snacks, sehr gut zubereitetes, amerikanisches Fast-Food und eine sehr relaxte Atmosphäre. Somit ist das Umbrella's bei Touristen und Einheimischen gleichermaßen schnell zum beliebtesten Beach-Spot am Strand avanciert. Vor allem das Essen ist trotz der schlicht anmutenden Zusammenstellung (Burger, Sandwiches, Fisch, Snacks, Salate) immer wieder ein wahrer Gaumenschmaus, sodass auch ich oft im Umbrella's zu Gast bin.

Neben den bereits erwähnten eher steifen Hotelrestaurants gibt es sonst nur noch den Vendors Market hinter dem Grand Beach Resort, wo immer ein günstiges Bier sowie ein schneller Snack zu bekommen sind.

Wassersport

Wer neben den Tätigkeiten am-Strand-Liegen und gemütlich-ein-kühles-Carib-Schlürfen auch noch etwas anderes machen möchte, der kann an einer der Wassersport-Stationen der Hotels ein wenig Action buchen, zum Beispiel im Grenada Grand Beach Resort und Flamboyant Hotel. Zur Auswahl stehen unter anderem Tauchkurse sowie die entsprechende Ausrüstung dafür, Kajaks, Hobbie-Cats, Wellenbretter oder Schnorchelzubehör. Einige sogenannte Beach Vendors, die sich entweder direkt am Strand oder auf den Booten im Wasser befinden, verkaufen auch Fahrten auf dem Bananenboot, Wasserski oder Tubing. Während die Preise bei den Hotelshops durchaus gepfeffert sind – eine Stunde Kayak kostet beispielsweise 20 US$ –, sind die Preise für den motorisierten Wassersport bei den lokalen Händlern eher moderat. Mit etwas Verhandlungsgeschick sollte man hier auf 30 EC$ pro Fahrt kommen.

Kleines Kajak-Abenteuer am Grand Anse Beach

Strandleben

Apropos verhandeln – darüber freut sich auch die überschaubare Zahl an „fliegenden" Händlern, die den Grand Anse Beach abgrasen und dabei nette Souvenirs wie Gewürzketten, geflochtene Körbe, handgemachten Schmuck oder andere selbst hergestellte Erzeugnisse anbieten. Besonders angenehm ist dabei: Wer doch kein Interesse hat, bekommt die Händler mit einem freundlichen „No, thank you" schnell wieder los. Aufdringliche Verkäufer, andauernde Anmachen oder nervige Gespräche gibt es am Grand Anse Beach so gut wie kaum. Auch dies gehört für mich zu einem Top-Strand der Karibik mit dazu.

Am Ende eines – wahlweise – entspannenden oder anstrengenden Strandtages sollte man sich keinesfalls den Sonnenuntergang am Strand entgehen lassen. Aufgrund seiner Lage an der Westküste ist der Grand Anse Beach perfekt für einen Abendausklang vor untergehender Sonne geeignet und bildet somit die passende Kulisse für den Abschluss eines wunderschönen Strandtages.

81

Traumpanorama – ein Tag am Grand Anse Beach geht zu Ende

La Sagesse

Wer noch mehr Erholung sucht, findet in Grenada aber auch neben dem Grand Anse Beach genügend Anlaufstellen für einen herrlich entspannten Strandtag. Bei der Suche nach weiteren paradiesisch-unberührten Landschaften machte ich mich auch auf den Weg nach La Sagesse – für mich ist das eine der schönsten Buchten Grenadas.

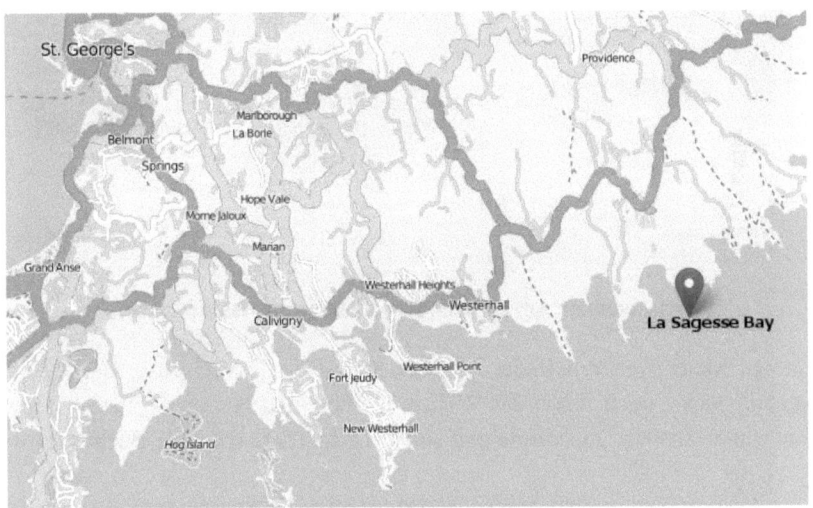

Mit dem Minibus nach La Sagesse

Die Anreise erfolgte wie gewohnt per Minibus, diesmal mit der Nummer 2. Die Fahrt ab St. George's kostet in der Regel 3,50 EC$ und dauert je nach Fahrweise – entweder karibisch entspannt oder grenadisch rasant – um die 20 bis 30 Minuten. Die Haltestelle befindet sich direkt an der Abzweigung nach La Sagesse. Von hier aus sind es noch etwa zehn Gehminuten, ehe man den Eingang zum La Sagesse Nature Resort erreicht.

Angekommen: Am Eingang zum La Sagesse Nature Resort

Wenige Meter weiter befindet sich der Strand von La Sagesse. Bei meiner Ankunft lockte mich schon das Wellenrauschen, und tatsächlich fand ich hier eine wunderschöne, unberührte und landschaftlich sehr reizvolle Bucht vor.

Willkommen am Strand von La Sagesse

Direkt angrenzend an diesen Naturstrand befindet sich das kleine Gästehaus La Sagesse Nature Resort, welches natürlich vor allem mit seiner nahen Lage punktet.

Zum Abschluss meines kleinen Besuchs fand ich am Strand von La Sagesse neben zahlreichen Sandameisen und heruntergefallenen Kokosnüssen auch folgenden netten Zeitgenossen:

Kleiner Strandbesucher

Morne Rouge Bay

Neben La Sagesse stattete ich in den ruhigen Nachkarnevalswochen auch dem Morne Rouge Bay mit seinem – umgangssprachlich BBC Beach genannten – Strand einen Besuch ab.

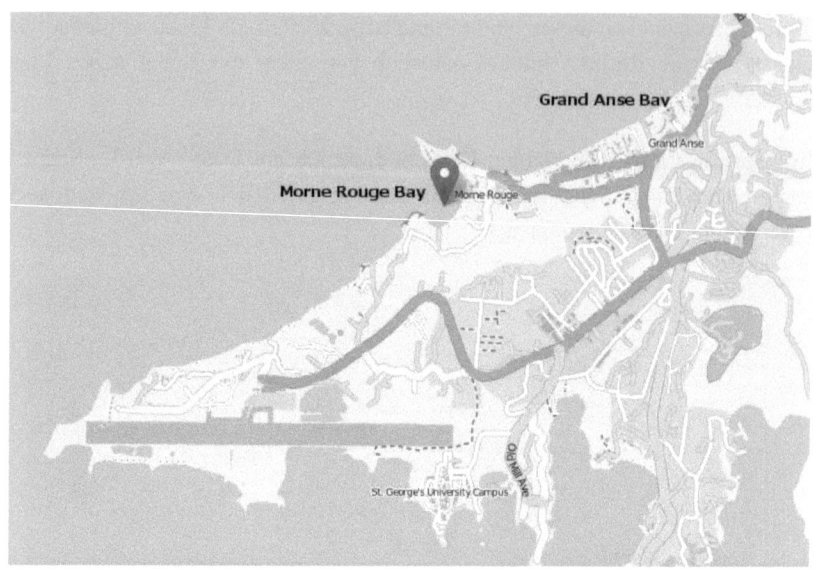

Versteckt hinter Grand Anse Bay: die Morne Rouge Bay

Die Morne Rouge Bay befindet sich südlich von Grenadas Paradestrand am Grand Anse. Auf dem Weg dorthin muss eine kleine Anhöhe überwunden werden, an der sich das Flamboyant Hotel befindet. Von hier aus hat man einen tollen Ausblick auf die gesamte Bucht von Grand Anse.

Weiter geht es schließlich in Richtung Morne Rouge Bay. Aufgrund des kleinen Felsvorsprungs, der die Strände Grand Anse und Morne Rouge trennt, befindet sich der letztgenannte sehr abgeschieden in einer einsamen Bucht.

Der Strand hier in der Morne Rouge Bay steht dem Grand Anse Beach in seinen Ausmaßen in nichts nach. Lediglich die Sandqualität ist nicht ganz so exzellent wie am Grand Anse, wobei dies ehrlich gesagt schon Kritik auf extrem hohem Niveau ist.

Die abgeschiedene Bucht Morne Rouge

Dank ihrer Lage an der Südwestküste eignet sich die Morne Rouge Bay auch gut, um Sonnenuntergänge zu beobachten. Diese wirken in Grenada ohnehin immer besonders toll, sodass auch bei meinem Besuch hier einige schöne Fotos entstanden sind, die ich nicht vorenthalten möchte:

Karibische Sonnenuntergänge wie sie sein sollten

Grenadas Schwesterinsel Carriacou

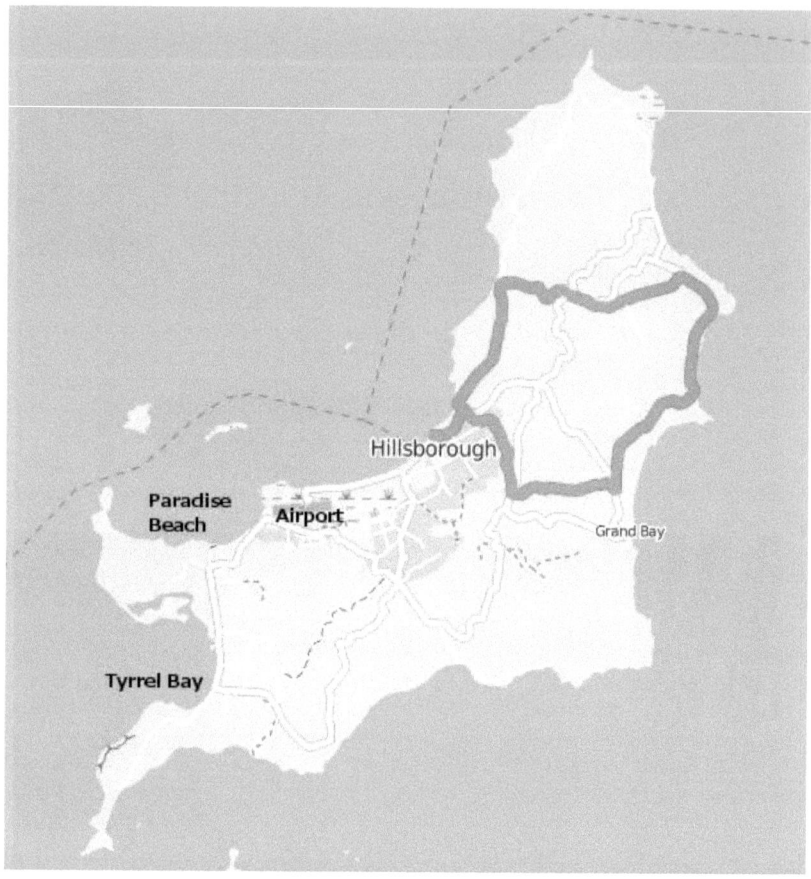

Der Trip nach Carriacou

Nach einigen Monaten auf Grenada wurde es für mich auch einmal Zeit, Grenadas Schwesterinsel einen Besuch abzustatten. Carriacou befindet sich etwas
nördlich von Grenada und bildet gewissermaßen das südliche Ende der Grenadinen, die wie eine Perlenkette im türkisblauen Meer zwischen den zwei grö
ßeren Inseln St. Vincent und Grenada liegen.

Carriacou ist durch seine nahe Lage ideal dafür geeignet, um in einem kleinen Wochenendtrip von Grenada aus angesteuert zu werden – das geht gegebenenfalls auch spontan und ohne lange Vorausbuchung. Kleine Hotels und Gasthäuser gibt es auf der 9000-Einwohner-Insel zur Genüge, die Fähre mit <u>Osprey Lines</u> muss nicht vorreserviert werden und wer fliegen möchte, bucht kurzfristig mit <u>SVG Air</u> einen für karibische Verhältnisse günstigen Flug für gerade einmal 50 US$.

Noch dazu ergänzen sich die Anbindungs-Zeiten optimal: Samstag früh geht es um 09:00 per Fähre nach Carriacou, Sonntag am späten Nachmittag startet der Flieger (oder besser gesagt der Hüpfer ...) um 17:00 zurück nach Grenada. Alternativ kann man auch die Fähre zurück um 15:30 nehmen. Von einem Tagesausflug, bei dem man mit der Fähre hin- und am selben Tag zurückfährt, wie er in so vielen Reiseführern empfohlen wird, kann ich jedoch nur abraten. Erstens sind die Fahrzeiten dafür mit mindestens zwei Stunden zu lang, zweitens hat man somit im Anschluss nicht genügend Zeit, um Carriacou wirklich kennenzulernen und drittens bewegen sich die Unterkünfte auf der kleinen Insel ohnehin auf einem sehr moderaten Preisniveau, sodass sich solch ein Wochenendausflug auch finanziell in relativ überschaubarem Rahmen hält.

Die Reise von mir und meiner Begleitung startete am Samstagmorgen an der Carenage in St. George's. Um 09:00 sollte die Fähre ablegen, wir waren etwa um 08:30 vor Ort und sahen bereits die Fähre mit einer kleinen Menschentraube davor.

Passagiere vor dem „Boarding"

Vor Ort kaufte ich mein Ticket dann für 80 EC$ (ca. 23 Euro) und ging an Bord. Vom Oberdeck aus hatte man einen wunderbaren Blick auf die Carenage, sozusagen das Hafenviertel der Hauptstadt von Grenada.

Das Hafenviertel Grenadas

Um 09:15, also nur 15 Minuten später als geplant und damit aus karibischer Sicht quasi pünktlich, startete auch schon unsere Fähre nach Carriacou. Mit einem letzten Blick auf den wundervollen Grand Anse Beach ging es nach Verlassen des Hafens dann die Westküste von Grenada entlang. Bei unserer Fahrt passierten wir Ronde Island und weitere unbewohnte Inseln. Richtig interessant wurde es dann mit dem Herannahen von Carriacou. Zuerst hatten wir einen wunderbaren Postkartenblick auf Sandy Island …

Sandy Island vor Carriacou

… ehe wir in den Hafen von Hillsborough einliefen.

Der „Hafen" von Hillsborough

Genauso wenig wie Hillsborough streng genommen die Bezeichnung "Insel-hauptstadt" verdient, sollte man unseren Ankunftspunkt einen „Hafen" nennen –Fähranleger trifft es wohl eher. Ein paar Taxifahrer warteten vor dem Ein-gang, doch das war es auch schon. Wir waren im beschaulichen, ruhigen und idyllischen Carriacou angekommen. Zunächst machten wir uns auf den Weg in unser gebuchtes kleines Hotel, Ade's Dream. Dieses liegt nur zwei Gehminu-ten von der Fähre entfernt und war daher sehr schnell zu finden.

Unser Aufenthalt hier war völlig in Ordnung und auch aufgrund seiner zentra-len Lage ist dieses Hotel sehr weiterzuempfehlen. Generell ist das Preisniveau für Hotels in Carriacou noch recht human und entlastet dadurch das durch die Karibik normalerweise sehr strapazierte Urlaubsbudget. Zimmer für 50 Euro pro Nacht zu finden, sollte auf Carriacou kein Problem sein.

Für uns ging es nach dem schnellen Check-In erst einmal auf Nahrungssuche. Fündig wurden wir gegenüber vom Hotel in einem kleinen lokalen Imbiss, bei dem ich einen leckeren Roti aß – eine typische Wrap-ähnliche und aus Trinidad stammende Speise aus Kartoffeln und Hühnchen.

Hier gab es ein leckeres kleines Roti für mehr als günstige 5 EC$.

Anschließend ging es per Minibus auf Inselerkundung. Auch in Carriacou gibt es einen Busbahnhof wie in Grenada, nur nicht annähernd so groß und mit lediglich drei Buslinien, den Nummern 10, 11 und 12 – die logische Fortsetzung der Linien 1 bis 9 auf Grenada. Auch fahren die Busse auf Carriacou nicht so häufig wie auf der Mutterinsel Grenada, doch es reicht trotzdem noch, um sich vernünftig fortbewegen zu können.

In einem Punkt ist Carriacou aber schon fortschrittlicher und besser entwickelt als Grenada: Es gibt auch weibliche (Mini-)Busfahrer.

Die Nordküste

Für mich war zunächst der Bus mit der Nummer 11 interessant. Es ging nach Windward an der Nordküste von Carriacou. Hier sollen ab und zu noch richtige Schiffe per Hand gebaut werden und man kann diesem Fertigungsprozess

sogar als Zuschauer beiwohnen. Davon war während unseres Besuches allerdings nicht allzu viel zu sehen. Windward glich eher einem ziemlich ruhigen
Karibik-Dorf. Ein einziger angefangener Schiffsrumpf war zu erspähen und
zeugte davon, dass in Windward doch noch etwas gebaut wurde.

Ein Holzskelett, das einmal ein Schiff werden soll

Ansonsten kann man in Windward nicht viel Weiteres anstellen, außer „Limen" – die karibische Kunst des Nichtstuns. Beim Liming, dem sogenannten
karibischen Entspannen, helfen gerade in der sengenden Mittagssonne vor
allem kühle Getränke, um dieser Form der „Beschäftigung" optimal nachgehen
zu können.

Verstecktes Kleinod: Der Anse La Roche Beach

Anschließend fuhren wir mit dem Bus Nr. 11 wieder zurück. Diesmal jedoch
nicht bis zum Busbahnhof nach Hillsborough, sondern nur zur Kreuzung am
Bogles Round House. Von hier aus führte uns ein Weg zu einem der am besten
versteckten Stränden der Karibik, der aber trotzdem noch über den Landweg zu

erreichen war: dem Anse La Roche Beach. Von besagter Kreuzung musste man zunächst etwa 20 Minuten zu Fuß eine Straße entlang, die gemessen an den europäischen Verhältnissen sicher unter die Kategorie Forstweg gefallen wäre. Anschließend zweigte ein Weg in den Wald ab – nur erkennbar an einer roten Schildkröte, die als Markierung an einen Baum gemalt worden war. Ab hier ging es weitere zehn Minuten durch dichte, tropische Vegetation, ehe wir das Ziel erstmals – zumindest von oben – bewundern konnten.

Die Anse La Roche-Bucht von oben – im Hintergrund Union Island, die bereits zu St. Vincent gehört

Von obigem Standpunkt aus war es bis zum Anse La Roche Beach nicht mehr weit. Es galt nur noch, den Abstieg zu schaffen, und schon gelangten wir an die Bucht. Den Strand sollte man normalerweise ganz für sich alleine haben, denn aufgrund des etwas schwierigen Zugangs verirrt sich meist kaum eine Menschenseele hierher. Während unserer Erkundungen waren wir die einzigen Besucher am Anse La Roche Beach.

Wie auf einer einsamen Insel: Natur und Menschenleere am Anse La Roche Beach

Der einzige Nachteil dieses einsamen Strandes ist, dass man am Anse La Roche nicht wirklich gut baden kann. Der Einstieg ins Meer ist steinig, steil und wird von relativ starken Wellen umspült. Von daher sollte man sich eher über die Einsamkeit am Strand als auf ein ruhiges Badevergnügen freuen. Alles in allem war es für uns trotzdem ein sehr netter Ausflug.

Ein gemütlicher Ausklang in der Hauptstadt

Das nächste Ziel war nun wiederum erneut das Hotel Ade's Dream in Hillsborough, denn auch in Carriacou hinterlassen die intensive Sonne und die warmen Temperaturen ihre Spuren, sodass die Kleidung durchgeschwitzt war und man nach etwas Kühlem in Form von Wasser oder anderen Getränken förmlich lechzte. Nach erfrischender Dusche gab es direkt neben dem Hafen erst einmal einen Sundowner – einen leckeren Rumpunsch. Hier merkte ich gleich beim ersten Schluck, warum Carriacou so oft für seinen Rum gerühmt wird: Im Vergleich dazu ist der Rumpunsch auf Grenada oder Barbados quasi ein Kindergetränk. Jedenfalls war dieser sehr starke Rumpunsch extrem lecker und wäre wohl auch kein richtiger Sundowner gewesen, wenn ich dabei nicht auch wieder einen wundervollen Sonnenuntergang hätte beobachten können.

Ein Sundowner bei sundown

Als nächstes stand die Nahrungsbeschaffung auf dem Programm. In der Nebensaison ist die Auswahl nicht allzu groß, da noch etliche Restaurants und Kneipchen geschlossen sind. Auf Nachfrage landeten wir relativ schnell bei „Laurena II Restaurant and Bar", wo es karibische Küche bei samstäglicher Partymusik zum sehr günstigen Preis gab.

Das Restaurant befindet sich direkt hinter Ade's Dream. Wer mag, kann sich bei Laurena auch noch den ein oder anderen gemütlichen Drink zu sehr humanen Preisen gönnen. Generell sind die Drinks auf der Insel sehr günstig. So kostete zum Beispiel ein (starker) Rumpunsch meist 7 EC$, ein Saft gerade einmal 3 EC$. Da lässt es sich wirklich aushalten und perfekt „limen" – gerade auf Carriacou spiegelte dieses Wort die generelle Lebenseinstellung ideal wider.

Tyrrel Bay

Der nächste Tag auf Carriacou brachte wieder einmal perfektes Karibik-Wetter mit sich: Sonnenschein, 30 Grad, azurblauer Ozean – was will man mehr. Da Ade's Dream sonntags kein Frühstück serviert und generell an diesem Tag die Bürgersteige erst gegen Mittag heruntergeklappt werden, hatten wir uns am Vortag vorsorglich mit Eiern, Zwiebeln und Brot-Patties eingedeckt – Brötchen nach deutschem Maßstab wäre zu viel gesagt –, sodass wir den Tag mit einem wundervollen Rührei auf unserem Balkon vor einem schönen Ausblick auf Hillsborough und die Westküste von Carriacou beginnen konnten.

Der Ausblick von unserem Balkon in Carriacou – Karibik-Kulisse für das Sonntagsfrühstück

Nachdem wir am ersten Tag auf Carriacou den Norden mit Windward und Anse La Roche erkundet hatten, war heute der Süden an der Reihe. Tyrrel Bay und Paradise Beach standen auf dem Plan, wobei der letztgenannte Strand wie schon die Morne Rouge Bay in Grenada oder der Anse La Roche auf Carriacou durch zahlreiche Reiseführer- und Internettipps extrem hohe Vorschusslorbeeren eingeheimst hatte.

103

Zunächst ging es aber zur Tyrrel Bay, wo sich nicht nur ein Strand befindet, sondern auch der Jachtliegeplatz von Carriacou. Da auf der Insel am Sonntagvormittag wenige oder teilweise gar keine Minibusse fuhren, mussten wir auf ein normales Taxi zurückgreifen, mit dem wir uns für 25 EC$ zur Tyrrel Bay fahren ließen.

Der erste Eindruck dieser Bucht war durchaus sehenswert. Für einen längeren Strandaufenthalt war die Tyrrel Bay jedoch weniger geeignet. Der Strand war schlichtweg zu schmal und – durch natürliche Rückstände oder Plastikmüll – zu verdreckt.

Allerdings ist die Tyrrel Bay generell sehr gut geeignet, um sich den ein oder anderen Drink zu genehmigen oder abends gemütlich wegzugehen: An der direkt anliegenden Straße befinden sich viele Restaurants, Bars und kleine Imbisse, die mit einer für Carriacou-Verhältnisse überdurchschnittlichen gastronomischen Versorgung aufwarten.

Die Tyrrel Bay – vor allem abends dank der zahlreichen Bars ein lohnenswerter Ort

Paradise Beach

Für eine Einkehr war es jedoch noch zu früh, sodass wir uns auf den Weg in Richtung Paradise Beach begaben. Zu Fuß ist dieser ungefähr zwanzig Minuten von der Tyrrel Bay entfernt.

Und tatsächlich: Der Paradise Beach konnte sich wirklich sehen lassen und machte seinem Namen alle Ehre. Zwar konnte die Breite des Strands nicht mit dem unangefochtenen Spitzenreiter – dem Grand Anse Beach auf Grenada – mithalten, aber der grandiose Ausblick erwies sich als aller Lobpreisungen wert und brachte dem Paradise Beach in der Tat das Prädikat „Bester Strand in Carriacou". Auch im Vergleich mit anderen Top-Stränden der Karibik muss sich der Paradise Beach in Carriacou keineswegs verstecken, wie die folgenden Bilder beweisen:

Ehre, wem Ehre gebührt – der vielleicht schönste Strand Carriacous

Vor allem das extrem türkisblaue Wasser sorgte für echtes Karibik-Feeling. Da der Sand zudem sehr fein war und das Wasser ruhig, waren die optimalen Bedingungen gegeben, um einen entspannten Strandtag zu verbringen.

Auch am Paradise Beach gab es in einer angrenzenden Bar einen sehr angenehm-starken Rumpunsch. Der Ruf Carriacous wurde somit abermals bestätigt. Mehr als einen Rumpunsch sollte man bei der starken Mittagssonne jedoch nicht unbedingt trinken.

Neben vielen weiteren alkoholischen und alkoholfreien Getränken gab es am Paradise Beach auch zwei kleine Restaurants beziehungsweise Imbisse. Kurz bevor wir uns auf den Rückweg in Richtung Flughafen machten gab es für uns hier noch ein leckeres „local" Mittagsgericht. Dies bestand aus Fisch oder wahlweise Hühnchen sowie Reis, Gemüse, Salat, Bananen, dem karibischen Gemüse Calaloo, Kochbananen, Avocado und Macaronie Pie, einem in der Karibik weit verbreiteten Nudelauflauf.

Ein typisches Mittagessen in Carriacou – lecker!

Anschließend – der Nachmittag war bereits angebrochen – war es Zeit, in Richtung Flughafen zu gehen. Dieser befindet sich quasi direkt neben dem Paradise Beach und ist zu Fuß in zehn bis 15 Minuten zu erreichen.

Allerdings sollte man nicht den offensichtlichen Weg über die Straße, die in Richtung der Rollbahn zu gehen scheint, nehmen, sondern den Weg am Strand entlang. Denn der Eingang zum Flughafen befindet sich ebenfalls nahezu direkt am Wasser. Der Weg über die Straße führt nämlich einmal um den Flughafen herum und dauert somit knapp über eine Stunde.

Der Paradise Beach erweist sich durch seine nahe Lage somit als eine sehr nette Möglichkeit, um nach oder vor seinem Flug noch einen Sprung ins angenehme Wasser in wahrhaft paradiesischer Umgebung zu unternehmen. Der

Weg vom Paradise Beach zum Flughafen ist jedoch nur bei relativ trockener Witterung möglich. Hat es die Tage zuvor zu viel geregnet, saugen sich die anliegenden Mangroven-Pflanzen voll und machen den Trail somit unpassierbar.

Auch wenn wir uns zunächst fälschlicherweise für die verkehrte Variante, nämlich die Straße in Richtung Flughafen, entschieden, wurden wir auf dem Weg von einem freundlichen Einheimischen mit dem Auto mitgenommen und kamen somit mehr als überpünktlich am Flughafen von Carriacou an.

Endlich am Zielpunkt: der Flugplatz von Carriacou

Wie das obigen Bild des Flughafens von Carriacou andeutet: Es sollte kein ganz alltäglicher Flug werden. Das Fluggerät der SVG Air war eine Propellermaschine, die für maximal acht Passagiere gedacht war.

Unsere kleine Maschine von SVG Air

Nicht nur ist solch ein Flug mit einer Mini-Maschine aufgrund des ungewohnten Fluggeräts, der Nähe zum Cockpit, der zum Teil unorthodoxen Abläufe (Boarding ohne Treppen, Sitzplätze werden zum Einsteigen umgeklappt) und des hohen Lautstärkepegels sehr erlebnisreich, es gab unter anderem auch die folgenden tollen Ausblicke auf Carriacou selbst, Sandy Island und die umliegenden Inselpunkte zu bewundern:

Flug über Karibik-Blau und Tropen-Grün

Sandy Island

Nicht zuletzt konnten wir auch die Landung in Grenada hautnah miterleben, denn in einer Maschine dieser Größe hatten die Passagiere einen guten Blick durch die Cockpit-Frontscheibe.

Mit dieser Ankunft in Grenada endete unser kleiner Trip nach Carriacou. Auch wenn die Zeit dort noch etwas langsamer zu laufen scheint, war es ein erlebnisreiches Wochenende! Und vor allem die freundlichen und glücklichen Einwohner, das perfekte Liming bei einem ordentlichen Rumpunsch, leckeres und günstiges „local food" sowie die Atmosphäre auf der kleinen Schwesterinsel von Grenada, die man als urentspannt und „laid-back" beschreiben könnte, machten den Besuch aus. Wer also etwas länger in Grenada ist, sollte unbedingt einen kleinen Ausflug mit mindestens einer Übernachtung in Carriacou einplanen, um auch diesen noch sehr ursprünglichen Teil der Karibik mitzuerleben. Für mich jedenfalls sollte die Insel in den nächsten Monaten ein beliebtes Ausflugsziel werden ...

Die dritte Insel im Bunde: Ausflug nach Petite Martinique

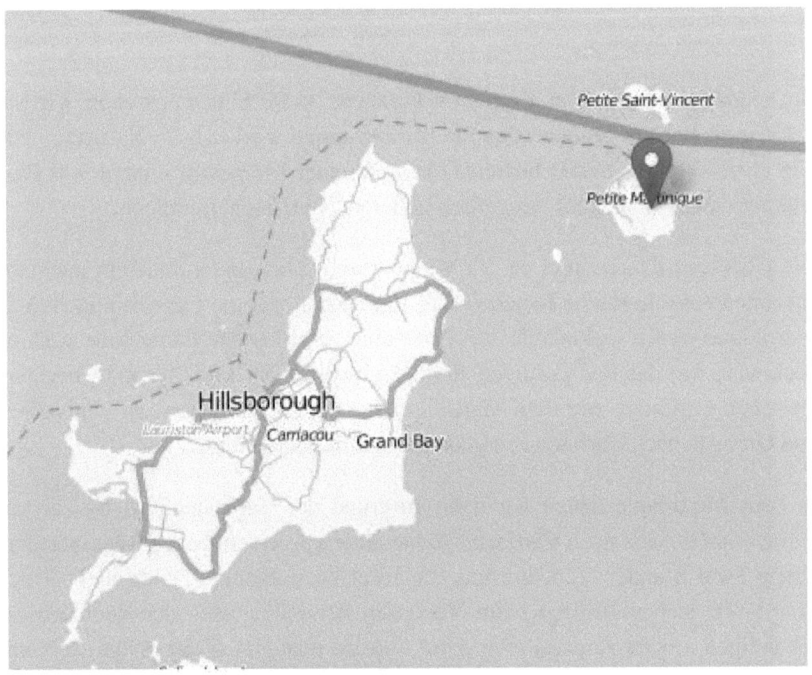

Die dritte der drei Insel-Schwestern

Grenada ist bekannterweise ein Drei-Insel-Staat und so dauerte es nicht allzu lange, ehe auch Petit Martinique auf meiner Besuchsliste stand. Die kleine Insel, die gerade mal 900 Einwohner fasst, bildet das nördliche Ende des Staates Grenada und ist lediglich ein Mal pro Tag mit einer Fähre zu erreichen. Um auch diesen entferntesten Fleck des Staates Grenada zu erkunden, ging es zwei Monate nach meinem Carriacou-Trip zu einem Wochenendausflug nach Petit Martinique.

Erneut startete ich meine Tour in Begleitung eines Freundes mit der Osprey Ferry von Grenada nach Carriacou. Als am Anleger wieder ein kleines Boot stand, rechnete ich insgeheim wieder mit einer Fahrt, die mindestens doppelt so lang dauert als angesetzt (1,5h) – das war mir bei meinen bisherigen Fahrten mit der Osprey Ferry immer passiert, nie war sie pünktlich. Doch zu meiner Freude wurde gegen 09:10 (offizielle Abfahrt 09:00) das Schiff kurzerhand ausgetauscht und durch die große Osprey-Fähre ersetzt. Das Boarding war dann etwa 35 Minuten nach Plan beendet und es konnte auf die diesmal etwas mehr als zwei Stunden dauernde Fahrt gehen.

Nach unserer Ankunft in Carriacou kurz vor 12:00 Uhr wechselten wir die Fähre zum Boot gegenüber, denn Petit Martinique wird je nach Nachfrage nur von einem kleinen Schiff bedient – kein Wunder bei gerade einmal 900 Einwohnern und einem nicht wesentlich höheren Touristenaufkommen.

Die Überfahrt dauerte hier ca. 20 Minuten und führte unter anderem auch am einsamen Anse la Roche Beach vorbei. Ansonsten war die Fährfahrt nach Petit Martinique wenig spektakulär, zumal es eine geschlossene Fähre ohne Außendeck war, was das Fotografieren stark erschwerte. Der Preis für die Überfahrt zwischen Carriacou und Petit Martinique lag bei 20 EC$ one-way. Um vorher von Grenada nach Carriacou zu gelangen, zahlte man 80 EC$.

In Petit Martinique hatten wir dann aufgrund der Verspätung unserer ersten Fähre von Grenada nach Carriacou sowie einer vorverschobenen Rückfahrt nur knapp zwei Stunden Zeit, um uns die Insel anzuschauen. Daher mein Tipp: Man sollte sich unbedingt beim Verlassen der Fähre nach der Rückfahrzeit erkundigen – denn verpasst man diese, müsste man eine Zwangsübernachtung auf Petit Martinique einlegen oder alternativ einen Fischer finden, der einen zurück nach Carriacou bringt.

Um einen groben Überblick zu bekommen, waren für uns auch zwei Stunden auf Petit Martinique fürs Erste ausreichend. Im Prinzip gab es ohnehin nur eine Straße, die einmal um die halbe Insel führte. Hier merkten wir schon auf den ersten Metern, wie wenig hier eigentlich los war.

Ruhig und friedlich: die Straße rund um Petit Martinique

Petit Martinique machte von Anfang an zwar irgendwie einen recht verschla-
fenen, aber dennoch sehr netten Eindruck. Wir wurden von den Einwohnern
freundlich gegrüßt und an der einen oder anderen Ecke wurde immer etwas
gewerkelt, ein Drink genossen oder Wäsche aufgehängt. Insgesamt schritten
wir ungefähr ein Viertel der Insel so ab, wobei es mit jedem Meter, den wir
uns von der Fähranlegestelle entfernten, ruhiger und ruhiger wurde.

Bei unserem Rundgang waren wir dazu auf der Suche nach einem kleinen
Mittagssnack. Da wir zu diesem Zeitpunkt wirklich die einzigen Touristen auf
Petit Martinique zu sein schienen, wollten wir dafür auch die lokale Wirtschaft
ankurbeln. Unter anderem fanden wir dabei das folgende Haus, was zunächst
so gar nicht wirkte, als könnten wir hier auf eine Mittagsmahlzeit hoffen.

Auf der Suche nach einer Stärkung kamen wir an dieses Haus.

Draußen hing zwar eine handgeschriebene Karte, das Ganze war jedoch nicht wirklich als Restaurant oder Imbiss ausgeschrieben und schien auch nicht unbedingt offen zu sein. Zwei einheimische Passanten fragten uns schließlich, ob wir hierher wollen und riefen schließlich lautstark nach der Eigentümerin, die uns dann letztendlich auch hereinließ.

Nach ersten skeptischen Blicken entdeckten wir hier ein richtiges Juwel. Unseren Roti bekamen wir schließlich: einen Chicken Roti sowie als echte lokale Delikatesse einen Lambie-Roti mit dem Fleisch einer großen Meeresschnecke, das Ganze sogar völlig unkaribisch mit Salatbeilage serviert. Kostenfreies Wasser und einen sehr leckeren Saft aus einheimischen Früchten gab es inklusive.

Wohlverdientes Mittagessen

Begleitend zum dem leckeren Essen plauderte die sehr nette Eigentümerin mit uns über das Leben auf der Insel. Und auch der Preis für die Rotis und Getränke erwies sich als unschlagbar. So waren wir von unserem Zwischenstopp richtiggehend begeistert und ließen ihr für die sehr nette Gastfreundschaft auch ein verhältnismäßig ordentliches Trinkgeld da. Ein Geheimtipp im wahrsten Sinne des Wortes, denn einen offiziellen Namen führte das Lokal nicht.

Nach unserem Inselausflug ging es wieder bei einem kurzen Fußmarsch zur Fähre zurück und dann – diesmal pünktlich – zurück nach Carriacou. Da es mittlerweile schon ziemlich regnete, steuerten wir nach Ankunft direkt unser gebuchtes Hotel an. Das Green Roof Inn erwies sich hierbei als eine sehr individuelle und empfehlenswerte Unterkunft. Besonders gefallen haben uns die liebevoll gestaltete Open-Air-Lounge sowie das Restaurant mit einem wirklich tollen Meerblick.

Ausblicke um und am Green Roof Inn

Nach der Erkundung von Petit Martinique ließen wir es uns natürlich nicht nehmen, auch noch ein paar weitere Eindrücke aus Carriacou mitzunehmen. Daher machten wir uns am späten Nachmittag noch einmal auf den Weg in Richtung Hillsborough, wo wir bei Bier und Rumpunsch in der Hafenbar den Tag bei einem wunderschönen Sonnenuntergang ausklingen ließen – eigentlich mittlerweile schon fast Standard in der Karibik.

Carriacou – welcome back! Trip zu den Tobago Cays

Im Anschluss waren irgendwie die Carriacou-Wochen bei mir auf Grenada angebrochen. Im Februar 2012 ging es für mich bereits zum dritten Mal innerhalb von sechs Monaten auf in Richtung der Nachbarinsel. Doch diesmal in neuer Zusammensetzung sowie mit neuem Hauptreiseziel. War der erste Trip hauptsächlich für eine erste Erkundungsreise der Insel reserviert und der zweite für Petit Martinique, waren der eigentliche Anlass der erneuten Tour die Tobago Cays.

Diese Inseln gehören zwar bereits zum Staatsgebiet von St. Vincent und die Grenadinen, sind aber per Bootsausflug und ohne Passkontrolle von Carriacou aus zu erreichen. Aber zunächst ging es zum altbewährten Zwischenstopp auf Grenadas Nachbarinsel …

Fast schon klassisch begann die Tour nach Carriacou wiederum mit einer Fahrt auf der Osprey Ferry. Ebenso klassisch war auch die abermalige Verspätung: Satte 90 Minuten nach der geplanten Abfahrtszeit ging es los.

Mit etwas mehr als zwei Stunden Verspätung kamen meine Reisebegleitung und ich schließlich abends in Hillsborough an. Mittlerweile war es kurz vor zehn Uhr, sodass wir schnell in unser gebuchtes Hotel – das Ade's Dream – eincheckten, das uns bereits beim ersten Trip beherbergt hatte.

Nach dem Einchecken war dann noch Zeit für ein kurzes Abendbrot. Typisch karibische Küche gab es für uns diesmal bei Lady Bug, einem kleinen Imbiss hinter dem Busterminal. Kein Kracher, aber für einen schnellen Abendsnack durchaus in Ordnung.

Obwohl gleichzeitig bereits die Karnevalsveranstaltungen liefen, die auf Carriacou traditionell im Februar stattfinden, hielt sich der übliche Karnevals-Trubel in Grenzen. Entweder waren die meisten Besucher wohl noch nicht angekommen oder sie befanden sich im „Stadion" von Carriacou, wo gerade der Soca Monarch-Wettbewerb veranstaltet wurde. Statt dem beizuwohnen und Eintritt zu bezahlen, entschieden wir uns aber doch lieber für die entspanntere und bequemere Variante: das Hotelbett.

Am nächsten Tag stand schließlich DER Ausflug an: die Tobago Cays. Zunächst ging es allerdings zu einem entspannten Frühstück mit durchaus reizvollem Ausblick.

Es versprach ein ausgesprochen schöner Tag zu werden ...

Im Seawave Restaurant, welches direkt zu Ade's Dream gehört, wird Frühstück à la Carte serviert, wobei sich die Karte danach richtet, was gerade da ist – eben typisch karibisch. Für uns hieß das an diesem Morgen Bake, eine Art Brötchen, sowie Egg und Bacon für 25 EC$, was als eine erste Magenfüllung passabel war, mehr aber auch nicht. Von Gewürzen oder Tellerdeko hatte das Frühstückspersonal leider scheinbar noch nie etwas gehört ... ☺

Nach erfolgter Stärkung begaben wir uns per Minibus auf den Weg in Richtung Windward, wo der Start unserer Tour um 10:00 Uhr vormittags in die Tobago Cays vorgesehen war. Angemeldet hatten wir uns schon vorher bei Dave von den Bayaleau Point Cottages, der diese Ausflüge regelmäßig veranstaltet – bei einer Mindestteilnehmerzahl von vier Personen. Was wir in den darauf folgenden sieben Stunden erlebten, sollte unsere Vorstellungskraft um ein Vielfaches übersteigen. Fing die Fahrt mit einem kleinen Stopp in Petit Martinique zunächst noch ruhig an, bretterten wir anschließend den Tobago Cays, einem wahrhaftigen Paradies, entgegen.

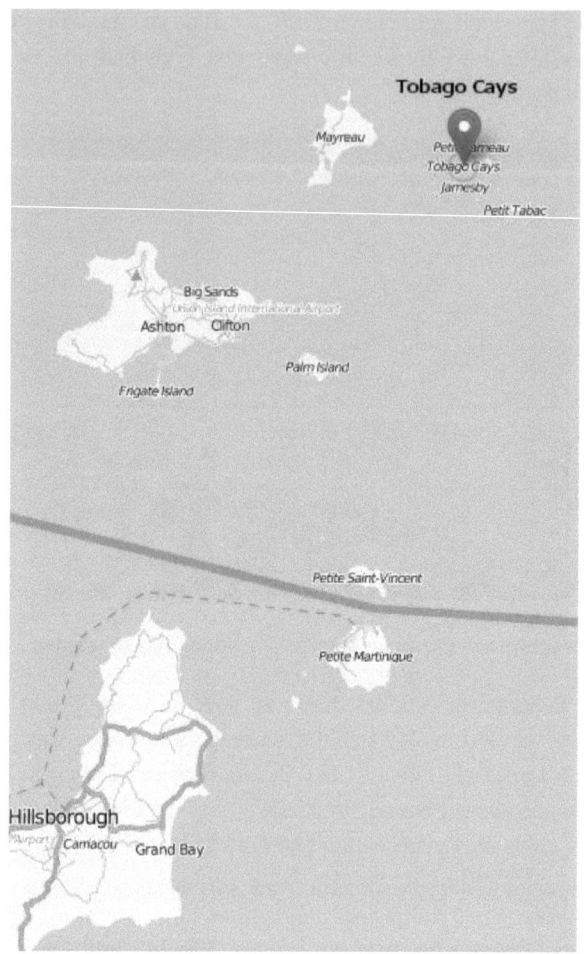

Die Erkundungsreisen weiten sich aus – der Ausflug zu den Tobago Cays.

Fünf kleine unbewohnte Inselchen – Petit Bateau, Petit Rameau, Jamesby, Petit Tabac und Baradal – lagen wie gemalt auf dem weiß bis türkisblau schimmernden Ozean. Die Szenerie wurde von ein paar kleinen, tropisch-hellen Stränden, einigen herumstehenden Palmen sowie enorm kontrastreichen Korallenriffen abgerundet. Das Gesamtbild erinnerte einfach an den perfekten Augenblick. Gerne möchte ich hier einfach nur ein paar Fotos sprechen lassen.

122

Ein karibischer Traum von Reise

Diese Eindrücke ergänzten noch die Impressionen der einzigartigen Unterwasserwelt, die wir beim Schnorcheln entdecken konnten, sowie die Kombination aus einem wirklich perfekten Wetter und dem berühmten karibischen Liming-Gefühl auf dem Boot bei Rumpunsch, Softdrinks und Bier. Und last but not least gehörte auch noch ein Zwischenstopp auf der Insel

Mayreau zum Programm, die dem ganzen Ausflug dank der wirklich malerischen Saltwhistle Bay, DER Bucht und dem Aushängeschild von Mayreau, einen perfekten Abschluss gab.

Karibisches Postkartenmotiv in der Saltwhistle Bay

Karnevalsstimmung in Hillsborough

Nach diesen sieben Stunden voller neuer Eindrücke waren wir wieder in Carriacou angekommen. Mit dem Taxi ging es zurück in die Inselhauptstadt Hillsborough, die sich an diesem Tag ausnahmsweise so gar nicht klein und beschaulich gab, schließlich herrschte hier vollste Karnevalsstimmung. Nach kurzer Pause im Hotel und der wohlverdienten Dusche startete schließlich der angenehme Teil des Abends: das Essen und Trinken!

Um etwas Festes „zwischen die Kiemen" zu bekommen, entschieden wir uns für La Playa, einer kleinen Bar nur drei Minuten von Ade's Dream entfernt mit direkter Lage am Strand. Hier gibt es richtig leckere Paninis und Sandwiches, die definitiv sehr zu empfehlen sind, wie auch La Playa selbst, das jedoch überwiegend als Bar fungiert.

Anschließend widmeten wir uns ein wenig dem karnevalsaktiven Nachtleben von Carriacou. Direkt neben unserem Hotel fand eine sogenannte Wet Fete statt, bei der in unregelmäßigen Abständen mittels Sprenkleranlagen die Feierwütigen ordentlich „abgekühlt" wurden – wobei Abkühlung ja bei karibischen Standardtemperaturen immer relativ ist.

Irgendwann zwischen zehn und elf Uhr abends war auch diese Veranstaltung zu Ende. Anschließend schlenderten wir bei einem wie immer kühlen Carib noch gemütlich über die Straße und stießen dabei auf die karibische Version des Glücksspiels: das Tier-Roulette. Hier gab es bei geringen Einsätzen eine tolle und authentische Karibik -Atmosphäre und jede Menge Spaß.

Ein tierisches Glücksspiel

Nachdem beim Roulette-ähnlichen Spiel mit Pferd, Löwe und Kamel ein paar EC$ verzockt wurden, gab es für den nächsten Einsatz dann ein richtiges Tier: ein extrem leckeres und saftiges Hühnchen – ebenfalls ein klassisches karibisches Straßenessen.

Den Abschluss der Nacht bildete eine echte Straßenparty wie aus dem Bilderbuch – das war Karibik-Leben pur! Mitten in Hillsborough waren einige Boxen aufgebaut, an denen die Karnevalisten, Besucher und Grenader zu den klassischen Hits der karibischen Clubs tanzten – eine wirklich tolle Atmosphäre.

Party in Hillsborough – auf der Straße tobt das Leben

Back to Paradise

Nach kurzer Nacht folgte dann dem erlebnisreichen und anstrengenden Programm am Samstag ein klassischer Liming-Tag am Sonntag. Zu Fuß ging es von Ade's Dream wieder in Richtung Paradise Beach, der diesmal erneut seine volle Schönheit zeigte.

Ausruhen am Strand stand auf dem Programm – nichts leichter als das. Als gegen Mittag der Hunger nagte, landeten wir in der „Off the Hook Bar" am Südende des Paradise Beach, die so ziemlich genau die perfekte Vorstellung einer karibischen Bar am einsamen Strand verkörpert.

Unnachahmliches Flair: die „Off the Hook Bar" am Paradise Beach

Auch einen kleinen Lunch gab es hier: Wie so oft in der Karibik war gerade Fisch „im Angebot", serviert mit einigen Beilagen, die wir auch zugleich orderten. Eigentlich hatten wir unseren Besuch dabei so gelegt, dass wir anschließend noch genug Zeit hatten, um unsere Fähre zurück nach Grenada pünktlich zu erreichen.

Doch denkste! Mehr als eine geschlagene Stunde ließ sich die Off the Hook Bar Zeit, unser Essen zu servieren. Obwohl wir immer wieder nachbohrten, herrschte hier schon übertriebene karibische Gelassenheit. Schließlich wurde unser Essen serviert – im Übrigen mit einem völlig trocken gegrillten Fisch. Lediglich die Kartoffeln waren eine echte Freude für den Gaumen.

Zum Ablegen der Fähre blieb nur noch eine Viertelstunde. Entsprechend schnell verzehrten wir unser Essen, um uns anschließend im Eiltempo zur Straße durchzuschlagen, wo wir auf Minibus oder Taxi hofften. Doch wie es so oft in solchen Situationen ist – es kam rein gar nichts, die Straße war wie ausgestorben. Unser Retter in der Not war schließlich ein Pick-Up, den wir anhalten konnten. Genau eine Minute vor offizieller Startzeit waren wir schließlich am Fähranleger angekommen – puh, geschafft!

Zwar kommt Osprey generell meist zu spät, doch manchmal spielt der Zufall ja übel mit und die Fähre legt gerade in so einer Situation pünktlich ab, was für uns eine Zwangsübernachtung in Carriacou bedeutet hätte.

Versöhnt darüber, dass wir keine Zwangsübernachtung arrangieren mussten, ließen wir auf der Rückfahrt ein extrem erlebnisreiches und einmaliges Wochenende Revue passieren, dessen absolutes Highlight der Besuch in den Tobago Cays war. Wer auch nur irgendwie die Chance hat, dieses Fleckchen Erde zu besuchen, sollte dies unbedingt wahrnehmen – sei es von St. Vincent, Bequia, Canouan, Union Island, Carriacou oder Grenada aus. Solch ein Paradies sollte man sich einfach nicht entgehen lassen, man wird definitiv um eine wertvolle und lang anhaltende Reiseerfahrung reicher sein.

Mein Inselalltag: Kleine Erlebnisse zwischendurch

Nach all den Outdoor- und Party-Aktivitäten, die Grenada und ihre Nachbarinseln bieten, hatte ich nach einem knappen Dutzend Monaten aus touristischer Sicht vorerst die wichtigsten Sehenswürdigkeiten gesehen. Auch Europa wollte zwischendurch besucht werden, schließlich wollte ich nicht jahrelang auf Freunde und Familie verzichten, von denen wiederum der ein oder andere während der zwei Jahre Karibik auch einmal auf „meiner" Insel vorbeigeschaut hatte.

All diese Erlebnisse und Eindrücke hielten mich nach der langen Zeit aber nicht davon ab, Grenada weiterhin spannende Seiten abzugewinnen und die Insel zu entdecken. Eines der Ziele während dieser Zeit war der Dr. Grooms Beach, der mal wieder echte Postkarten-Motive hervorzauberte.

Am Dr. Grooms Beach

Der Strand liegt in einer kleinen Bucht zwischen dem Morne Rouge und Parc a Boeuf Beach und ist daher landschaftlich durchaus reizvoll. Einiges an altem Schwemmgut aus der Natur sowie schwarzer Sand, der einen Teil des Strandes ausmacht, sorgen für interessante Kontraste.

Interessante Strandskulptur

131

Für den Strand bedeutsam sind vor allem zwei Anwesen. Zum einen wäre da das Beach House Restaurant, ein gehobenes Lokal für Touristen, sowie das La Luna, ein luxuriöses und nicht ganz günstiges Hotel mit Bungalows inmitten einer schönen tropischen Anlage.

Urlaubsfeeling und herrliches Ambiente in den Bungalows

Ansonsten ist der Dr. Grooms Beach ein guter Strand zum Entspannen, ohne jedoch durch spezielle Merkmale besonders herauszustechen. Dank des schönen Wetters fiel es mir leicht, die herrliche Szenerie gut auf das Foto zu bekommen:

Ruhe und Entspannung am Dr. Grooms Beach

Neben den Stränden nahm ich auch mal wieder die Hauptstadt ins Visier. Schon oft bin ich ins kleine lebendige Zentrum von St. George's gefahren, um mich mit tropischen Früchten oder frischem Fisch direkt vom Markt einzudecken.

Der Lebensmitteleinkauf ist im Übrigen zunächst ein wenig gewöhnungsbedürftig, denn während man aus Deutschland eine liebevolle Produktpräsentation, ausgefeilte Kühlung und perfekt geschulte Verkäufer gewohnt ist, kann man danach in Grenada länger suchen. Hier kommt das gute Tier im Falle des Fisches direkt aus dem Meer in die Auslage – und wird dort meist spätestens innerhalb von einer Stunde verkauft. Da braucht es gar nicht erst einer netten Aufmachung …

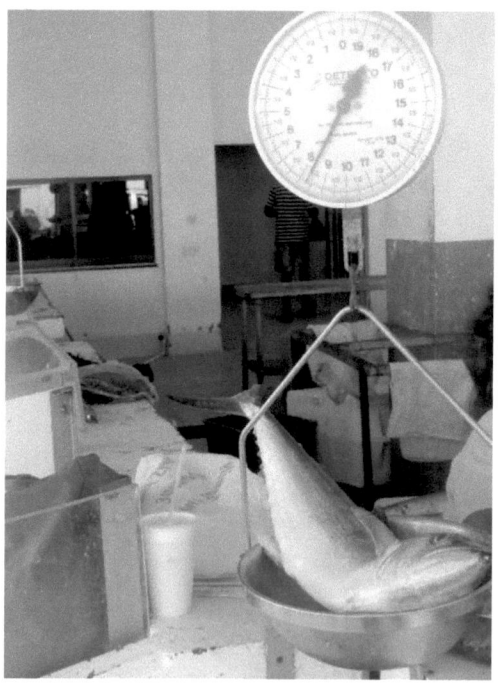

Ein mächtiger Fang

Während ich mich an den Fischmarkt während des ersten Jahres auf Grenada ausgiebig gewöhnt hatte und immer wieder begeistert vom günstigen, frischen und extrem wohlschmeckenden Fisch war, stand für mich danach eines Tages eine Premiere auf dem Programm: der Fleischmarkt. Wer dieses „Gebäude" von außen sieht, weiß auch, weshalb mein Besuch hier erst so spät stattfand.

Von außen wenig vertrauenserweckend: Der „Meat Market" von Grenada

Alles klar? Den Anblick von innen erspare ich allen lieber … ;)

Aber auch hier muss ich sagen: Man soll nicht immer nach dem Äußeren urteilen. Es gab wunderbares Fleisch in Reinform – eben auch mit Knorpel, Knochen und allem Drum und Dran –, welches geschmacklich einwandfrei war. Dass das alles auch preislich absolut in Ordnung ist, versteht sich von selbst, denn bei ca. 4 Euro pro Kilo, egal ob Thunfisch, Lachs, Hai, Mahi Mahi (Goldmakrele), Huhn, Rind oder Schwein, kann man wahrlich nicht meckern. Hai wird durchaus häufig in der Karibik angeboten und ist auch in den Gewässern ringsum ab und an anzutreffen, stellt aber keine Gefährdung für Urlauber dar.

Anschließend ging es noch zum berühmten Markt von St. George's, der montags bis samstags im Stadtzentrum stattfindet. Hier gibt es Obst, Gemüse, Gewürze und Souvenirs in Hülle und Fülle. Interessant ist vor allem die Auswahl an tropischen und unbekannten Früchten sowie Gemüsesorten.

Tropische Fülle an den Marktständen von St. George's

Nach dem Marktbesuch ging es für mich auf den „Berg". St. George's ist relativ stark am Hang gebaut, sodass gleich die ersten Straßen hinter dem Markt steil nach oben gehen und damit die meist vorherrschende Hitze gleich doppelt so warm erscheint.

Am Ende des steilen Anstiegs: die Cathedral of the Immaculate Conception, eine der drei wichtigen Kirchen der Innenstadt

Von hier aus lief ich die Straße noch ein wenig links hinauf, wo es zunächst einen Ausblick auf das einzige richtige Stadion von Grenada zu sehen gibt, das bis zu 10.000 Besuchern Platz bietet und anlässlich des Cricket World Cup im Jahr 2007 gebaut wurde.

Grenadas Stadion in der Außenansicht – einer der wichtigsten Veranstaltungsorte des Karnevals

Anschließend schlenderte ich weiter die Old Fort Road entlang – ja, Grenada hat auch Straßennamen, die allerdings meist kaum irgendwo ausgeschrieben sind –, auf der einige wunderschöne Ausblicke auf die gesamte Südwestküste sowie den Hafen von St. George's möglich sind.

Wie gemalt: Ausblick auf die blühende Hauptstadt

Etwa zehn Minuten später und höhenmetertechnisch etwas weiter unten, kommt dann auch langsam die Altstadt von St. George's ins Blickfeld. Hier hat man einen wunderbaren Ausblick auf Fort George sowie auf die etwas versteckt liegende, bereits im erster St. George's-Kapitel beschriebene Kirche ohne Dach, die im Zuge von Hurrikan Ivan 2004 nahezu komplett zerstört wurde.

Die vielfältige Architektur von St. George's

Von hier aus führte mich mein Weg schließlich wieder über die Straße herab, die wohl offiziell den Namen „Lowthers Lane" trägt, in Richtung Wasser und damit auch zum Bus der Linie Nr. 1, der zwischen Grand Anse und St. George's pendelt. Schließlich kam ich am Botanischen Garten und etwas weiter unten am Kirani James Boulevard heraus – eine weitere Verewigung des Namens von Grenadas legendärem Sprinter.

Wer eine nicht ganz alltägliche Form des Glücksspiels erleben will, sollte sich das sogenannte Crab Race nicht entgehen lassen – gerade wenn man keine Ambitionen hat, großartig etwas zu gewinnen, sondern der Spaß im Vordergrund stehen soll. Das ungewöhnliche Rennen findet jeden Montagabend ab 9:00 Uhr in der Bar des Flamboyant Hotel, The Owl, am Südende des Grand Anse Beach statt. Willkommen ist jeder, egal ob Urlauber oder Inselbewohner, und besondere Kenntnisse braucht man auch nicht – denn Wetten auf die schnellste Krabbe abschließen kann schließlich jeder.

Die Wetteinsätze beginnen meist bei humanen 2 EC$, was umgerechnet etwa 50 Cent entspricht. Beim Jackpot-Rennen beträgt der Mindesteinsatz für eine Krabbe 5 EC$.

Letzteres ist übrigens das spannendere Rennen, denn während man bei den normalen Wettläufen nur auf bereits vorgegebene Krabben setzt, kann man sich beim Jackpot-Race aus einer großen Box seine eigene Krabbe heraussuchen und ins Rennen schicken – und das unbedingt mit einer eigenen Namensgebung. So traten hier schon unter anderem „Kirani James" gegen „The Fastest Crab of Grenada", „Heidi" gegen „Barack Obama" oder „Bus St. Georges" an. Da hier jeder Teilnehmer mit einer eigenen Krabbe ins Rennen geht, fällt das Spektakel entsprechend größer aus, wenn die meisten Tierchen dann zeitgleich am Krabbeln sind und alle Zuschauer ihren Kandidaten lautstark anfeuern.

Auf die Plätze, fertig ... los!

Gewonnen hat übrigens die Krabbe, die als erste den vorgezeichneten „Ring" verlässt, also eine etwa anderthalb Meter lange Distanz vom Mittelpunkt aus zurückgelegt hat.

Bei den normalen Rennen ab 2 EC$ Einsatz gibt es manchmal auch die lustige Version „Last Crab standing", was konkret heißt: Die letzte Krabbe, die noch im Ring ist, gewinnt. Gerade wenn sich einige Krabben partout nicht für das Geschehen interessieren und einfach liegen bleiben, kann diese Variante schon einmal ein gutes Viertelstündchen dauern.

Last Crab standing

Karibik + Fisch + Party = Der Fish Friday in Gouyave

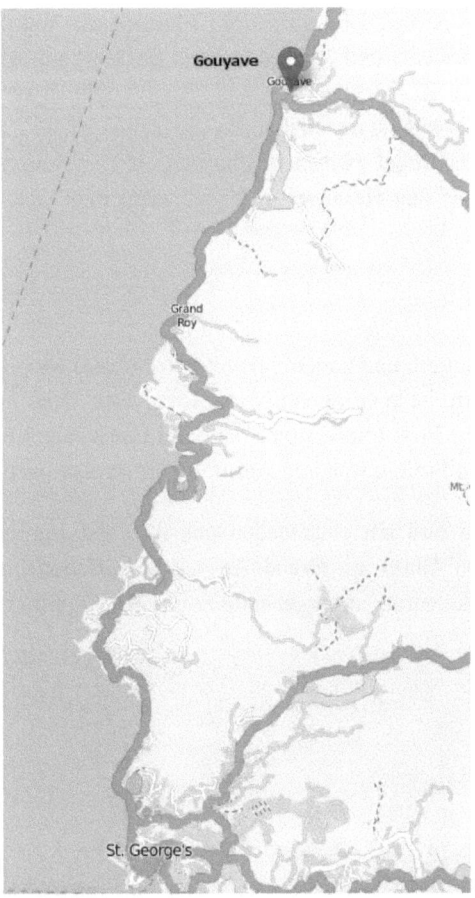

Eine weitere, sehr bekannte Attraktion von Grenada ist der Fish Friday, der jeden Freitag im kleinen Fischerdorf Gouyave stattfindet.

Wer die Karibik kennt, weiß, dass die Einheimischen dank Ihres ausgeprägten „Liming-Gefühls" sehr gut Party machen können. Wenn noch eine der Nationalspeisen – frisch gefangener Fisch – sowie eine Karibikdorf-Umgebung wie aus dem Bilderbuch hinzu kommen, dann ist die Mischung eigentlich perfekt.

Wie so oft steht aber am Anfang jedes Vergnügens die Anreise. Die Fahrt mit dem Minibus ist relativ schnell beschrieben: Ab St. George's steigt man einfach in die Nummer 5 und fährt etwa 25 Minuten die Westküstenstraße entlang. Je nach Fahrweise und Auslastung des Busses kann die Fahrt sportlich rasant und reich an Körperkontakt sowie beengt zugleich sein. Mit einem Ticket für 5 EC$ one-way ist man dabei. Da die letzten Busse zurück in Richtung St. George's in der Regel zwischen zehn und elf Uhr fahren, sollte man sich spätestens dann auf den Heimweg machen, wenn man sich das teurere Taxi sparen möchte.

Gouyave, ahoi!

Eine viel interessantere und zudem noch komfortablere Möglichkeit, zum Fish Friday zu gelangen, ist aber eigentlich der Katamaran. Hier gibt es hauptsächlich zwei Anbieter: First Impression Tours und CaribCats. Leider finden diese Touren nicht jeden Freitag statt, ein Anruf vorher ist also wichtig.

Meine Begleitung und ich entschieden uns für First Impression Tours und starteten pünktlich 18:00 am Grand Anse Beach. Schon beim Betreten des Katamarans war die gerade untergehende Sonne ein Highlight für sich.

Das Fortbewegungsmittel unserer Wahl zum Fish Friday: unser Katamaran.

146

Anschließend folgte eine knapp einstündige Fahrt, die an sich schon phänome-
nal war. Was gibt es Schöneres als an einem Freitagabend bei einer warmen
Meeresbrise mit einem modernen Katamaran in den Sonnenuntergang hinein-
zufahren, in der Hand ein kühles Carib zu halten und nebenbei noch entspannte
Partymusik zu hören? Das ist einfach Karibik und Grenada pur – in diesem
Augenblick war es der „best place on earth".

Noch dazu hatte man während des zweiten Teils der Fahrt einen genialen Blick
auf den Sternenhimmel. Und dadurch, dass rundherum keine Lichter zu sehen
waren, konnte man besonders viele Sterne erspähen.

Gegen 19:15 Uhr kamen wir in Gouyave an und wurden zum Fish Friday ge-
führt. Hier hatten wir zwar nur ungefähr 1,5 Stunden Zeit, aber in der Regel
reicht das für einen groben Überblick und ein schönes Abendessen an einem
der zahlreichen Stände aus.

Insgesamt mussten wir für diese Katamaran-Fahrt lediglich 40 EC$ zahlen,
was angesichts der zusammengerechneten Buspreise ab Grand Anse, des tollen
Fahrt-Erlebnisses und des hohen Komforts nicht wirklich viel ist. Die Katamaran-Fahrt zum Fish Friday in Gouyave kann ich daher unbedingt und ganz klar
empfehlen.

Fisch, wohin das Auge blickt

Natürlich möchte ich auch noch ein bisschen vom Event an sich erzählen, auch
wenn die Katamaran-Fahrt der ungleich spektakulärere Teil war. Im Vergleich
zum Fish Fry in Barbados oder zum Anse la Raye in St. Lucia, die beide deutlich größere Dimensionen annehmen, konnte der Fish Friday in Grenada keinesfalls mithalten. Er bestand im Grunde genommen nur aus zwei kleinen
Nebenstraßen, an denen einige Essens- und Souvenirstände aufgestellt waren.
Auf der anderen Seite machte gerade dies wiederum seinen Charme aus, denn
während die „Konkurrenzveranstaltungen" auf Barbados oder St. Lucia deutlich auf Touristen ausgerichtet sind, herrscht in Gouyave noch eine richtig
authentische Dorfatmosphäre.

Einen Überblick über das Areal hatten wir uns relativ schnell verschafft, sodass wir ohne große Verzögerungen mit der Essenssuche beginnen konnten.

Hier gab es so ziemlich alles, was mit Fisch zu tun hatte: Fishcakes, Fisch-Kebap, Shrimpspieße, Fischlasagne (unbedingt probieren!), Fischauflauf, gegrillte und gebackene Fische und nicht zuletzt auch Lobster, also Hummer.

Fisch- und Souvenirstände säumten die Straßen am Fish Friday.

Die Preise bewegten sich in einem sehr erschwinglichen Rahmen und waren im Vergleich zum Fish Fry in Barbados icht derart touristisch geprägt. Ein Lobster war für im Schnitt 40 EC$ zu haben, ein Fishcake ab 1 EC$, ein komplettes Gericht inklusive Beilagen kostete zwischen 20 und 30 EC$. Niederlassen konnten sich die Besucher an den rundum aufgestellten Tischen und Bänken.

Geschäftiges Treiben an den Ständen

Untermalt wird der Fish Friday in der Regel mit lokaler sowie internationaler Musik. Mit etwas Glück spielt auch eine ortsansässige Band, wie zum Beispiel die Drummer, die wir während unseres Besuchs in Gouyave live erleben durften.

Insgesamt ist der Fish Friday in Gouyave jedenfalls eine schöne Geschichte für einen Freitagabend in Grenada, auch wenn es aufgrund der kompakten Größe nicht das umwerfendste Erlebnis schlechthin ist. Die attraktiven (Fisch-)Preise sowie die hier noch ursprüngliche karibische Atmosphäre machen dies jedoch wieder wett. Ein echtes Highlight ist und bleibt darüber hinaus die Katamaran-Fahrt zum Fish Friday, die ich jedem nur wärmstens ans Herz legen kann.

Grenadas höchster Berg: Der Mount St. Catherine

Während meiner abwechslungsreichen Zeit in Grenada unternahm ich neben vielen hochinteressanten Ausflügen und spannenden Hashes auch einige Wanderungen. Eines der Highlights dabei war die Besteigung des Mount St. Catherine, dem höchsten Berg der Insel, die ich im Dezember 2012 machte.

Offizielle Wanderwege auf den Mount St. Catherine gibt es nicht, weshalb ich mich mit Freunden und Kollegen einer organisierten Tour in einer Kleingruppe anschloss, die überwiegend aus Hashern sowie dem erfahrensten Wanderer auf Grenada, Telfor Badeau, bestand.

An dem Sonntagmorgen, an dem wir um kurz vor 8:00 Uhr an unserem Treffpunkt in Grenville ankamen, sah es allerdings zunächst nach allem anderen als dem perfekten Wander- und Gipfelbesteigungswetter aus. Der Wind peitschte, der Regen prasselte und die gefühlten Temperaturen näherten sich denen eines typischen Novembermonats in Deutschland. Trotzdem machten wir uns eine Viertelstunde später auf in den Ort Mt. Horne, wo unsere Wanderung zum Mount St. Catherine starten sollte.

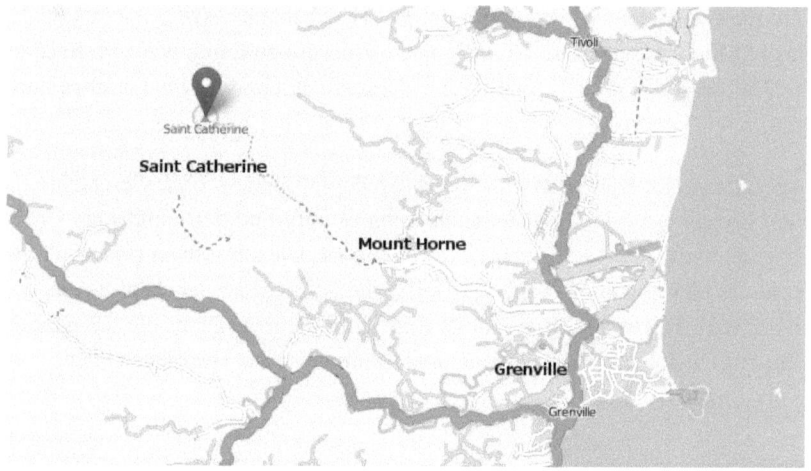

Auch hier war es dank Regen noch richtig kalt und ungemütlich, sodass einige erst einmal Schutz unter den großen Bananenblättern am Startpunkt suchten.

Nach kurzem Warten auf alle Teilnehmer ging es dann gegen 08:45 Uhr end-lich los. Auch wenn die Wanderung an sich kein Hash war, konnte das „ON ON!" nicht überhört werden. Ungefähr 650 Höhenmeter (one-way) bis hin zum Gipfel 840 Höhenmeter sollten nun vor uns liegen, wobei ich aufgrund von zunächst erwarteten Auf- und Abstiegen von deutlich mehr Anstrengung ausging.

Zunächst glich der Trail, der anfangs für grenadische Verhältnisse noch recht gut zu sehen war, mehr einem reißenden Bach als einem Wanderweg. Der viele Regen der letzten Stunden führte sofort alle Vorsätze, die Schuhe mög-lichst trocken zu halten, ad absurdum. Als positiver Aspekt dieser insgesamt nassen Angelegenheit gab es allerdings nach rund einer halben Stunde Wande-rung einen schönen Wasserfall zu sehen. Besonders interessant war, dass von diesem Wasserfall auf unserem Rückweg nur noch ein Mini-Rinnsal übrig geblieben war. Er speiste sich also fast ausschließlich aus dem eben gefallenen Regen.

Glücklicherweise hörte es mit zunehmender Schwierigkeit des Trails auch auf zu regnen. Dies war gerade deshalb eine glückliche Fügung, weil nun bei deut-lich zunehmender Steigung wesentlich mehr Trittsicherheit, Koordinations-vermögen und zum Teil der Einsatz des gesamten Körpers erforderlich gewe-sen wären – sprich: Es wäre mit allen Vieren in den Matsch gegangen.

Eine äußerst matschige Angelegenheit

Gerade die zweite Hälfte des Weges war hier schon recht anspruchsvoll – allerdings in positivem Sinne, denn es war zum Teil eine sehr schöne körperliche Herausforderung.

Nach knapp zwei Stunden erreichten wir dann bereits den Gipfel des Mount St. Catherine.

Angekommen am Gipfelpunkt – im Nebel

Während man bei Wanderungen sonst ja meistens sehr auf die Aussicht von oben gespannt ist, war aufgrund des Wetters bereits lange vorher abzusehen, dass es an diesem Tag diesbezüglich hier nichts zu holen gab. Wohl selten passte der Spruch „Wie Sie sehen, sehen Sie nichts" so gut wie hier. Mehr als 30 Meter Sichtweite gab es kaum …

Unsere „Aussicht"

Zudem pfiff ein ziemlich kalter Wind über die Kuppe, sodass sich die an diesem Tag mindestens vorherrschenden 25 Grad für Grenada ungewöhnlich kalt anfühlten! Dass der Mount St. Catherine aber fast immer vollständig mit Wolken verhüllt ist, scheint laut den übereinstimmenden Berichten aller anderen Teilnehmer der Regelfall zu sein.

Nach einer kurzen Gipfelansprache von unserem Guide (der für Erstbesucher im Hinblick auf die nicht ausgeschilderten Wege auch unbedingt notwendig ist), einer Erinnerungsrede an eine kürzlich verunglückte Hasherin sowie einem Auszug aus dem traditionellen Liedgut des Wanderführers erhallte das „ON ON!" für den Abstieg. Hier begann nun erst der richtige Spaß, denn bei den engen, sehr steilen Pfaden ging es meist nur unter Zuhilfenahme zweier Mittel nach unten: den umstehenden Bäumen und Wurzeln sowie dem eigenen Hosenboden. Entweder konnte man versuchen, sich im Stile von Tarzan nach unten zu schwingen (genauer gesagt: sich in der Form eines ungelenkigen Wanderers irgendwie vor dem Abrutschen festzuhalten), oder man schwang sich auf den eigenen Hosenboden. Der war manchmal die einzige Möglichkeit, die überaus „gut präparierten" Schlammbahnen überhaupt heilen Fußes nach unten zu rutschen.

Abstieg mit Hindernissen

Aufgrund des herausfordernden Untergrunds benötigten wir für den Weg hinunter dieselbe Zeit wie für unseren Aufstieg. Weiterhin waren wir fast ausschließlich umhüllt von der Wolkenschicht, sodass Blicke auf die nähere Umgebung nahezu ausgeschlossen waren. Den einzigen flüchtigen Eindruck von der Umgebung gab es auf der zugleich anspruchsvollsten Passage entlang eines Bergrückens, bei der ein Schritt zu weit nach rechts oder links schnell mit einem Sturz in die Tiefe hätte enden können.

Mystischer Wolkenvorhang

Auch wenn es richtig schade war, dass es während der gesamten Wanderung zum und vom Mount St. Catherine eigentlich nahezu keine nennenswerte Aussicht gab, erzeugte dafür gerade dieses Nebel-Wolken-Gemisch eine mystische, geheimnisvolle und zugleich auch alpine Stimmung. Denn während man sich sonst beim Blick auf das Meer stets in der Karibik wiedererkennt, konnten wir uns hier „dank" des fehlendes Ausblicks sowie der ungewohnten Temperaturen fast auf einem Gipfelgrat eines Hochgebirges auf 2000 Meter wähnen.

Nach insgesamt etwas mehr als vier Stunden Gesamtwanderdauer inklusive Pausen waren wir schließlich wieder zurück in Mt. Horne. Hier konnten wir dann auch die Spuren, die unsere Wanderung beziehungsweise Schlammschlacht mit Rutschpartie auf unserer Kleidung hinterlassen hatte, erstmals richtig begutachten.

Mit dem anschließenden Abstecher in den nächsten Rum Shop, wo es ein ortstypisches Angebot von drei Carib für den Preis von 10 EC$ (3 for 10) gab, war unsere Wanderung auf den Mount St. Catherine beendet und wir konnten diese bei einem kühlen Bierchen noch einmal in Ruhe Revue passieren lassen – ein würdiger Abschluss einer tollen Wanderung.

Mit dem Fahrrad um die Insel – Entdeckungen aus einer anderen Perspektive

Nach all den tollen Wandererlebnissen kam bei mir irgendwann auch einmal die Idee auf, die Insel per Fahrrad zu erkunden. Ursprung des Ganzen war eigentlich eine zufällige Suche im Internet, bei der ich ein sehr interessantes Farm-Hostel im völlig unberührten Norden von Grenada fand. Da eine Fahrt per Minibus oder Auto dorthin zu „einfach" und keine Herausforderung mehr gewesen wäre, war die Idee einer Fahrradtour geboren. Dass daraus im Endeffekt gleich drei Touren mit steigendem Schwierigkeitsgrad innerhalb von sechs Monaten werden sollten, konnte ich ja anfangs kaum ahnen …

Die Fahrräder mieteten meine sportliche Begleitung und ich bei Adventure Tours Grenada, einem auf Outdoor-Aktivitäten wie Jeep-Touren, River-Tubing oder eben Mountainbike-Verleih spezialisierten Anbieter. Sie wurden uns immer bequem und ohne Kosten nach Hause geliefert und dort auch wieder abgeholt. Mit 20 US$ pro Tag war auch der Preis sehr gut, zumal es sich um wirklich gut gepflegte und hochwertige Mountainbikes handelte.

Das Fahrradfahren in Grenada ist gemeinhin nicht allzu verbreitet, was auch an der als rücksichtslos bekannten Fahrweise der anderen Verkehrsteilnehmer sowie den vielen bergigen Straßen liegt, die selbst an der Küste vorzufinden sind. Allerdings fühlten wir uns zu keiner Zeit unsicher und wurden bis auf ganz wenige Ausnahmen auch stets mit mehr als ausreichendem Abstand von Autos überholt. Zudem ist gerade im Norden ohnehin sehr wenig Verkehr unterwegs. Was das Profil der Straßen anbelangt, sind die Höhenunterschiede aber definitiv nicht zu unterschätzen.

Die erste Tour: Entlang der Westküste zur Crayfish Bay

Die erste Tour sollte nun wie beschrieben zu der zufällig gefundenen Unterkunft, dem Crayfish Bay Organic Estate, gehen. Angesetzt waren somit 33 Kilometer und ca. 600 Höhenmeter in eine Richtung – dafür, dass ich seit Jahren nicht mehr Fahrrad gefahren bin, eine ordentliche Herausforderung.

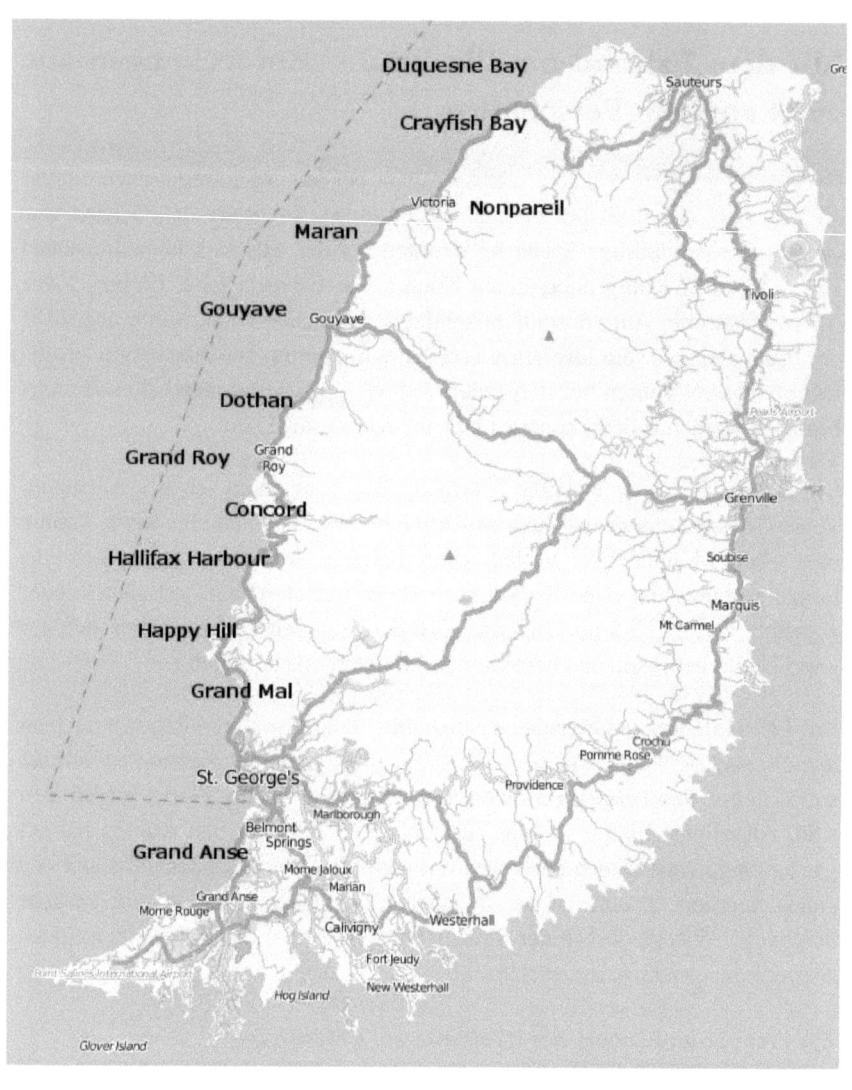

Unsere gesamte erste Route im Überblick

158

Der Start in Grand Anse

Los ging es am Samstagvormittag an meinem Apartment in Grand Anse, bepackt mit Klamotten, Wasser und Badesachen. Die ersten Kilometer verliefen dank der sehr ebenen Strecke recht ruhig. In Höhe der Hideaway Apartments hatte wir dann auch endlich mal Gelegenheit, den vielleicht schönsten Blick auf den Grand Anse Beach zu fotografieren, an dem ich sonst immer nur mit dem Minibus vorbeifahre. Leider spielte das Wetter diesmal nicht ganz so mit, sodass sich der türkisblaue Schimmer stark zurückhielt.

Der vielleicht schönste Blick auf den Grand Anse Beach

Anschließend ging es weiter nach St. George's, wo wir in einem Fahrradgeschäft erst einmal die Bremsen nachziehen ließen. Schließlich wusste ich bereits grob, welche Abfahrten auf mich zukamen – ohne ordentlich ziehende Bremse wäre es ein gefährlicher Leichtsinn gewesen.

159

Von St. George's nach Gouyave

Genau vor diesen Abfahrten ging es aber erst einmal hinauf, denn wer vom Meeresniveau aus startet, kann logischerweise nicht bergab fahren. Zuvor gab es aber in Grand Mal noch einen netten Blick auf die gleichnamige Bucht.

Die Bucht von Grand Mal

Anschließend begann dann der große Aufstieg. Obwohl es nur auf maximal 110 Höhenmeter hoch ging, war das eine enorm schweißtreibende Angelegenheit, schließlich ging es immer wieder auf und ab. Gerade die Orte Happy Hill, Concord und Dothan haben – auch wenn es sich um die offizielle Küstenstraße handelt, die wir bei unserer Reise entlang fuhren – ein paar knackige Anstiege aufzuweisen, in denen wir im kleinsten Gang hochklettern mussten. Aber es lohnte sich … die Umgebung lockte immer wieder mit netten Ausblicken, wie zum Beispiel auf Halifax Harbour.

Palmenumkränzter Ausblick auf die Halifax Harbour

Den schwierigsten Anstieg gibt es in beiden Richtungen rund um die Concord Falls zu bewältigen, denn hier geht es auf besagte 110 Höhenmeter hinauf. Im gleichnamigen Ort Concord ging daher erst einmal eine 1,5 Liter Flasche in fünf Minuten meine trockene Kehle hinunter – irgendwie muss man ja den

Wasserhaushalt auffüllen, und für ein Carib war es noch zu früh. In diesem netten Dorf hatten wir uns eine kleine Pause verdient und plauschten noch ein wenig mit den Einheimischen.

Am Dorf Concord nahe der Concord Falls

Nach einer weiteren Stunde Fahrt und noch ein paar weiteren kleinen Hügelchen erreichten wir dann das Fischerstädtchen Gouyave, wo jeden Freitag der berühmte Fish Friday stattfindet, über den ich in diesem Buch schon berichtet habe. Hier nahmen wir auch unser Mittagessen in einem örtlichen Imbiss ein, der interessanterweise andere Sachen außer Chicken Roti, Rice & Peas oder Oildown, dem eintopfähnlichen Nationalgericht von Grenada, anbot. So gab es für uns eine für Grenada-Verhältnisse höchst seltene Lasagne, ein Cheese Bread sowie Kartoffelkroketten. Alles sehr zu empfehlen und direkt in der Kirani James Street zu finden – selbstverständlich gibt es in Gouyave auch einen Ableger dieses Straßennamens.

Kirani James überall!

Von Gouyave via Victoria zur Duquesne Bay

Nach unserem ausgiebigen Mittagessen in Gouyave und einem anschließenden Bummel durch die zum Samstagmittag sehr lebendigen Straßen ging es weiter in Richtung Norden. Gerade die Strecke zwischen Gouyave und Victoria ist in beide Richtungen sehr schön zu fahren. Zwar gibt es einige Steigungen, doch insgesamt ist es ein sehr flüssiger Straßenverlauf. Unter anderem konnten wir dabei in Maran noch einen netten Blick auf Gouyave mitnehmen.

Bye, bye, Gouyave!

In Victoria, der zweiten Fischerstadt der Westküste, waren wir dann bereits fast am Ziel. Es wurde auch langsam Zeit, denn meine Oberschenkel sowie meine „Sattelsitzknochen" machten sich schon mehr als deutlich bemerkbar und schrien förmlich nach Entlastung – und mich dürstete es nach dem ersten Carib. Zum Glück war es von Victoria dann nicht mehr weit bis nach Nonpareil, wo sich unsere gebuchte Unterkunft, das Crayfish Bay Organic Estate, befand. Da wir jedoch sehr zeitig hier waren, fuhren wir noch ein Stück weiter zur sich etwa zwei Kilometer nördlich befindenden Duquesne Bay, wo wir einen richtig ursprünglichen karibischen Naturstrand vorfanden.

Entspannung unweit vom Zielpunkt

Die Duquesne Bay

Hier entspannten wir uns dann erst einmal von den zurückliegenden 35 Kilometern und rund 600 Höhenmetern. Ein beherzter Sprung ins lauwarme karibische Meer kann da Wunder wirken. Anschließend kam an einem eher bewölkten Nachmittag sogar noch für eine halbe Stunde die Sonne raus – was ich direkt für eine Mini-Fotosession nutzte.

Meer-Idylle an der Duquesne Bay

Als sich die Sonne dann wieder verzog, folgte postwendend ein kleiner Schauer – der immerhin einen Regenbogen mit sich brachte.

Grenadischer Regenbogen

Zur Belohnung für die Anstrengungen der Radtour gab es dann zuerst einmal ein kühles Getränk und gaaaaanz viel Entspannung an diesem herrlich unberührten Strand.

Crayfish Bay Organic Estate

Am späten Nachmittag fuhren wir schließlich die zwei Kilometer wieder zurück ins kleine Dörfchen Nonpareil. Hier befand sich das Crayfish Bay Organic Estate. Zunächst liefen wir direkt daran vorbei, was aber kein Wunder ist, wenn absolut gar kein Schild darauf hinweist und auch der von der Straße einsehbare Hof nicht unbedingt nach einem Hostel beziehungsweise irgendeiner Hostel-ähnlichen Unterkunft aussieht.

Der Hof des Crayfish Bay Organic Estate

Doch was zunächst einen etwas fragwürdigen Anschein machte, stellte sich in den nächsten 17 Stunden, die wir hier verbrachten, als absoluter Glücksfall heraus. Von uns ursprünglich einfach nur als günstiges Hostel gebucht, beherbergte das Crayfish Bay Organic Estate eine Ansammlung von bunt gemischten Backpackern und (Dauer-)Weltreisenden. Das Ganze gehörte einem auf positive Art exzentrischen Eigentümer und stellte sich als eine einzigartige Unterkunft heraus, in der gemeinsam gekocht und gelebt wird. Sehr ungewöhnlich war auch die Holzwand an der Bar, an der noch mit Kreide die entnommenen Getränke angestrichen und schließlich erst am Ende des Aufenthalts bezahlt werden.

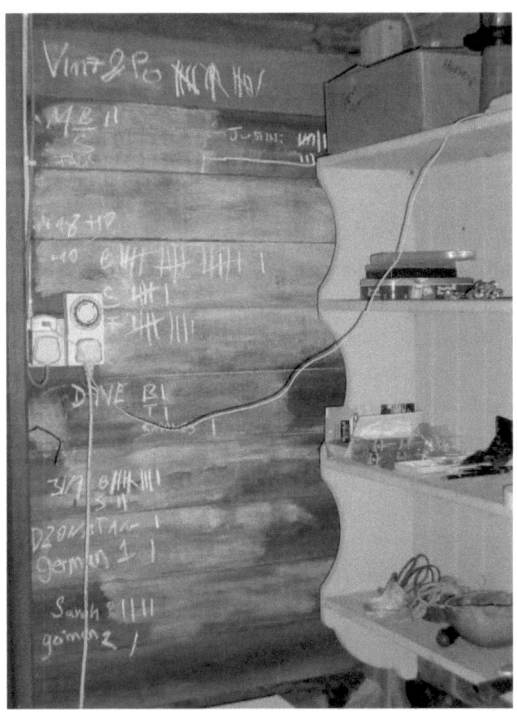

Die „Bar"

Unsere Strichliste wurde übrigens nur aus einem Grund nicht voll (wir waren die Gäste „German 1" und „German 2" an der Wand ganz unten): Direkt nach dem Abendbrot brachen wir gemeinsam mit den anderen Kurz- und Langzeitgästen zum örtlichen Rum Shop auf und gestalteten uns dort mit 3 for 10 Carib den Abend sehr unterhaltsam.

Auch das Essen im Crayfish Bay Organic Estate war exzellent und genau das Richtige nach einer anstrengenden Fahrradtour. Grenadische Hausmannskost wie die kräftig grüne Callaloo-Suppe als Vorspeise sowie Rice & Peas mit Gulasch als Hauptgang gab es in einer Üppigkeit, die selbst mich absolut kugelrund werden ließ – und das soll bei meinem regulären Essvolumen etwas heißen.

Übernachtet haben wir hier anschließend natürlich auch: In einem unspektakulären 5er-Raum verbrachten wir eine kurze Nacht, die dann am Morgen zunächst vom direkt vor dem Fenster campierenden Hahn unterbrochen wurde ...

Der Rückweg nach Grand Anse

Nach einem richtig leckeren Frühstück mit Porridge und Pancakes, das wie schon das Abendbrot von Eigentümer Kim selbst gekocht wurde, ging es für uns auf den Rückweg in Richtung Süden. Zugegeben, der Hintern tat noch enorm weh, was sich nach zehn Minuten auf dem Sattel aber wieder halbwegs gegeben hatte. Auch die Oberschenkel waren nach den deutlichen Ermüdungsanzeichen am Vorabend wieder deutlich fitter, sodass ich mich guter Dinge auf die anstehenden 35 Kilometer begab.

Diese meisterten wir trotz der langen Strecke vom Tag zuvor auch erstaunlich gut – den ein oder anderen sehr steilen Anstieg mal ausgenommen, der es uns nicht leicht machte und wo wir richtig kämpfen mussten. Doch erst am Ende, als St. George's näher rückte und die Beine merklich müder wurden, wurde jeder Höhenmeter gleich doppelt so anstrengend. Aus diesem Grund legten wir am vielleicht schönsten Strand zwischen St. George's und Gouyave, in Grand Mal, noch einmal eine Pause ein, um für die letzten Kilometer Kraft zu sammeln.

Kurz zuvor, quasi vor der Abfahrt nach Grand Mal, gab es noch einen richtig tollen Blick auf Grand Anse, St. George's, sowie die dort ankernden Kreuzfahrtschiffe.

Fast am Ziel: Der Hafen von St. George's ist in greifbarer Nähe.

Das letzte Stück ab Grand Mal – die Anstiege waren ab hier zum Glück vorbei – ging es für mich dann langsam mit den letzten Kräften in Richtung meiner „Heimat" am Grand Anse, wo der Sprung ins Meer eine kurzweilige Blitzregeneration brachte. Als Belohnung gab es dann auch noch einen leckeren Burger in der Umbrella's Beach Bar.

Stärkung nach der Rückfahrt

Damit hatten wir diese doch etwas außergewöhnliche kleine Reise, die wieder einmal mit vielen Erlebnissen gespickt war, gut überstanden. Für meine erste Fahrradtour seit zwei Jahren war ich auch mit meiner sportlichen Performance sehr zufrieden, denn ich glaube, so viele Höhenmeter habe ich an einem Wochenende noch nie mit dem Fahrrad zurückgelegt; rund 1200 waren es zum Schluss insgesamt.

Viel entscheidender waren allerdings die tollen Ausblicke auf eine Landschaft, die wir zwar schon mehrmals aus dem Auto heraus gesehen hatten, aber an diesem Wochenende zum ersten Mal so richtig in Ruhe genießen konnten. Krönung war natürlich das auf gut Glück gebuchte Crayfish Bay Organic Estate, das sich als eine absolut passende Bleibe für uns herausstellte. Kurzum: Wir konnten auf zwei erlebnisreiche Tage in unserer "Heimat" Grenada zurückblicken. Dies bestärkte uns schließlich auch darin, schon bald die nächste Tour in Angriff zu nehmen.

Tour Nummer zwei: mit dem Fahrrad um die komplette Insel

Bereits zwei Monate später war es wieder so weit: Die Sachen wurden ge-
packt, die Mountainbikes erneut bei Adventure Tours Grenada bestellt und die
Unterkünfte gebucht.

Während wir allerdings bei unserer Westküstentour nur Samstag und Sonntag
unterwegs waren, starteten wir diesmal bereits am Freitagnachmittag und teil-
ten unsere Tour in 3 Etappen auf: Am Freitag sollte es wieder von Grand Anse
via St. George's und Concord nach Gouyave gehen (25 Kilometer) und am
Samstag von Gouyave via Victoria, Sauteurs, Levara und Grenville nach Crochu (ca. 50 Kilometer). Für den Sonntag war die Rückfahrt von Crochu via
Westerhall zurück nach Grand Anse eingeplant (ca. 25 Kilometer).

Willie's Court Apartments in Gouyave und das Cabier Ocean Lodge in Crochu
sollten unsere zwei Unterkünfte für die Nacht sein. Diese Aufteilung erwies
sich im Nachhinein auch als sehr gut – sowohl von den Etappenlängen als auch
den Übernachtungspunkten her.

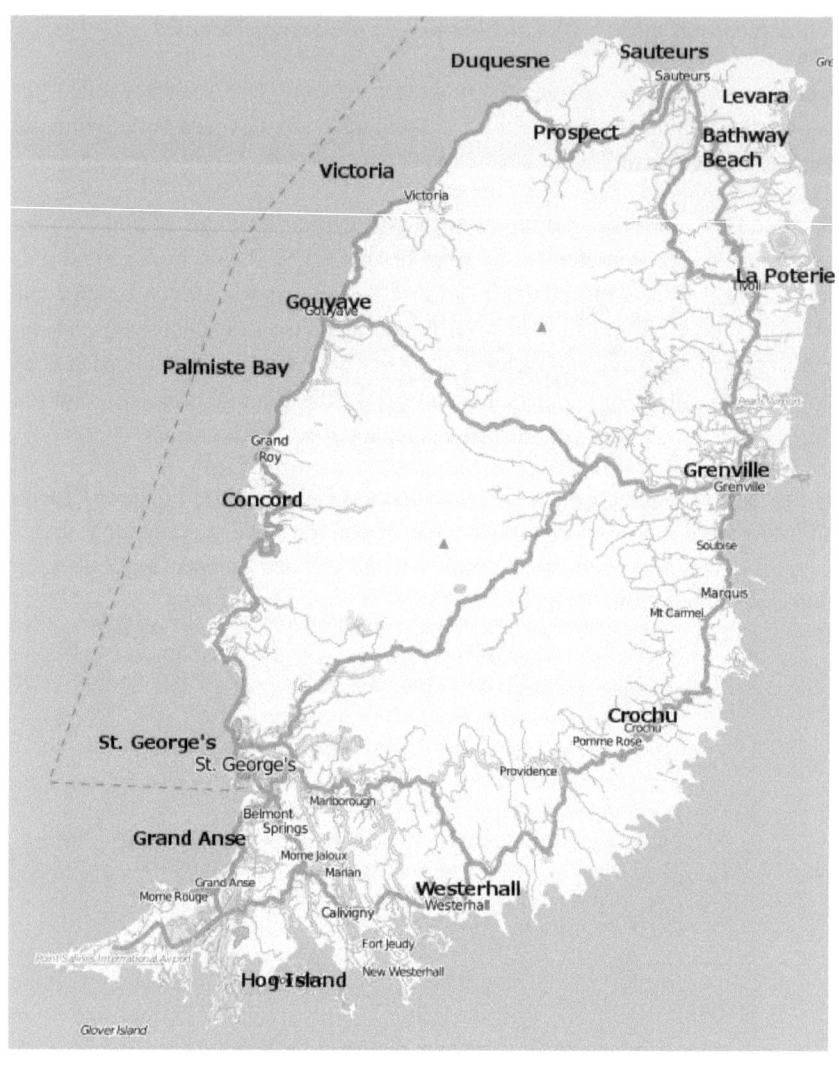

Einmal rundum ging es bei Tour Nummer zwei

174

Freitag: Von Grand Anse nach Gouyave

(Fast) pünktlich am Freitagnachmittag um 16:00 Uhr ging es los. Die Strecke nach Gouyave war uns ja bereits von der Tour zuvor bekannt, sodass wir diese recht entspannt und nicht zu schnell abradelten, um Kraft für die nächsten beiden Tage zu sparen. Da wir auch die Anstiege ziemlich gut bewältigten, hatten wir kurz vor Gouyave sogar noch die Gelegenheit, uns eine kleine Verschnaufpause zu gönnen. Mit der Palmiste Bay erwischten wir hier eine sehr schöne Bucht, die mich durch den sich ankündigenden Sonnenuntergang zu einer kleinen Foto-Session verleitete.

Herrliches Lichtspiel an der Palmiste Bay

Ankunft in Gouyave

In Gouyave angekommen, suchten wir erst einmal unsere gebuchte Unterkunft auf, um unsere Fahrräder abzustellen und schnell mal unter die Dusche zu springen – Fahrradfahren bei 30 Grad produziert schließlich auch eine nicht unerhebliche Menge an Schweiß.

Im Vorfeld hatten wir uns hierzu <u>Willie's Court Apartments</u> herausgesucht, eine sehr günstige Apartmentanlage direkt in Gouyave. Diese war auch völlig ausreichend für unsere Zwecke, schließlich suchten wir lediglich eine preiswerte Unterkunft, in der wir uns ordentlich ausschlafen konnten und eine gute Ausgangsposition für den Fish Friday hatten.

Fish Friday in Gouyave

Genau dieser war es, weswegen wir auch unsere Tour in diese Richtung geplant hatten – schließlich ist der Fish Friday in Gouyave immer wieder eine nette Abwechslung. Am Abend begaben wir uns sogleich direkt ins Geschehen. Auch diesmal genossen wir wieder die gute Atmosphäre beim Fish

Friday, tranken das ein oder andere Bier und trafen altbekannte Gesichter aus dem Crayfish Bay Organic Estate wieder, der Unterkunft bei unserer letzten Fahrradtour. Nachdem sich gegen halb elf das Areal langsam leerte und die Stände ihre Pforten schlossen, begaben wir uns in den aktiveren Teil des Abends und gingen in zwei kleine Local-Discos in der Umgebung, in dessen schwach beleuchteter Umgebung wir sofort ein ziemlicher "Lichtblick" waren – denn im Gegensatz zu St. George's mit seiner amerikanischen Uni sind Weiße in diesem Teil der Insel und an solchen Orten schon ein etwas ungewohnter Anblick. Nachdem wir zu verstehen gaben, dass wir nicht auf der Suche nach käuflicher Liebe sind, verlebten wir hier noch stimmungsvolle Stunden mit dem ein oder anderen Rum & Coke, die einfach immer wieder lecker sind. Damit war dann aber auch genug der Feierei, denn am nächsten Morgen sollte es ernst werden.

Samstags-Etappe Teil 1: Von Gouyave nach Sauteurs

Nach einer sehr geruhsamen Nacht in Willie's Court Apartments stiegen wir gegen 11:00 Uhr auf unsere Drahtesel. Vorher suchten wir uns noch etwas zum Frühstücken, kauften Wasser und begaben uns auf die nahezu aussichtslose Mission, in einem Einheimischen-Dorf wie Gouyave Sonnenmilch zu finden. Ausgerechnet diese hatten wir nämlich zu Hause vergessen. Dank gründlicher Suche und einem agentenmäßigen Spürsinn konnten wir aber tatsächlich etwas auftreiben – auch wenn es eigentlich Baby-Sonnenmilch mit Lichtschutzfaktor 50 war.

Damit konnte es aber dann endlich losgehen und bis zum kleinen Örtchen Duquesne kamen wir auch sehr gut voran. Schon auf den ersten Kilometern zeigte sich, was uns landschaftlich an diesem Tag erwarten würde.

Palmen säumten unseren Weg.

Ab Duquesne wählten wir dann die verkehrsärmere Variante via Prospect und Mt. Alexander. Wie man diese Straße findet: Rund einen Kilometer nach der Duquesne Bay kommt eine Abzweigung nach links, an der ein Schild in Richtung Petit Anse Hotel weist, das an dieser Route liegt. Diese Strecke war insofern sehr schön zu fahren, als dass wirklich absolut kein Auto unser Fahrradvergnügen störte. Dafür mussten wir aber auch kräftig arbeiten. Eine ordentliche Steigung ließ uns mehr als reichlich ins Schwitzen kommen, über 100 Höhenmeter waren innerhalb eines Kilometers zu überwinden. Auch anschließend ging es ziemlich stark bergauf und bergab. Die Steigungen waren sogar so stark, dass wir auf dem Weg nach unten schieben mussten – ansonsten wären wir wohl kopfüber nach vorn gekippt.

Unsere anspruchsvolle Strecke – es geht auf und ab.

Als Belohnung für diese doch sehr anstrengende Teiletappe gab es auf der Abfahrt nach Sauteurs dann einen wundervollen Blick auf Ronde Island, Caile Island, Carriacou und Union Island.

Klarer Blick auf die kleinen Inseln vor Grenada

In Sauteurs angekommen, klopfte dann erst einmal der Hunger an. Nach dem schönen Ausblick auf die Inseln der Grenadinen bot sich uns mit der Wahl eines in Strandnähe gelegenen Lokals ein noch beeindruckenderer Ausblick. Wo kann man schon bei solch einem Panorama zu Mittag essen?

Essen mit Meerblick

Samstags-Etappe Teil 2: Von Sauteurs nach Crochu

Von Sauteurs aus war es dann nur rund eine halbe Stunde Fahrt bis zu unserem nächsten kleinen Stopp, den wir uns als kleine Badepause gesetzt hatten. Dazu steuerten wir den Levara Beach an, einem versteckten und ganz im Nordosten von Grenada befindlichen Traumstrand, der eine unglaublich paradiesische Szenerie aufweist. Bei der Anfahrt hierher trafen wir aber erst einmal einen anderen Zeitgenossen …

Eine Kuh vor dem weltweit wohl schönsten Panorama – oder: Kuh mit „View"

Schon in diesem Bild deutet sich die fantastische Szenerie des Levara Beach sowie den gegenüberliegenden Inseln Sugar Loaf, Green Island und Sandy Island an. Anstatt vieler Worte lasse ich hier einfach einmal die Bilder sprechen.

Noch weitere Fragen?

Aber auch das Paradies hat übrigens seine Tücken. Wer Levara Beach einmal besuchen sollte, darf keinesfalls auf die gegenüberliegende Insel Sugar Loaf schwimmen, die auf den oberen Bildern zu sehen ist. Auch wenn sie so nah gelegen ist, dass man in zehn Minuten drüben wäre: Es gibt keine Chance darauf, hier an Land zu gehen, ohne auf Seeigel zu treten – die komplette Küste wird davon belagert. Wer es trotzdem versucht, dürfte wie schon einige meiner Freunde anschließend im Krankenhaus zur Entfernung der Stacheln landen.

Nach einer wirklich traumhaften Badepause stellte Levara Beach nun den Umkehrpunkt unserer Tour dar, denn von nun an ging es nahezu ausschließlich nach Süden. Kurz hinter Levara befindet sich mit dem Bathway Beach noch ein weiterer Strand, der nach dem Grand Anse Beach der zweitlängste Strand in Grenada sein dürfte.

Die anschließenden 25 Kilometer waren dann relativ unspektakulär. Via Lake Antoine, La Poterie und Grenville ging es in Richtung Crochu, wobei die Beine nun schon deutlich schwerer wurden. Gerade das Stück von Bathway nach Grenville kommt aber ausnahmsweise ohne großartige Steigungen aus.

Ab Grenville führte die Straße dann mit zwei knackigen Anstiegen auf jeweils über 100 Höhenmeter noch einmal kräftig nach oben. Mit der Aussicht auf das baldige Ziel konnte ich aber die schmerzenden Oberschenkel halbwegs ignorieren, sodass wir am späten Nachmittag erschöpft in Crochu ankamen.

Übernachtung in der Cabier Ocean Lodge

Hier erwartete uns die Cabier Ocean Lodge, eine kleine Unterkunft direkt an der Atlantikküste mit deutschsprachigen Gastgebern. Richtig verdient hatten wir uns nun erst einmal den Sprung ins Meer, der dank den beiden angrenzenden Buchten – die komplette Bucht heißt Crochu Bay – problemlos möglich war.

Die Lodge selbst ist eine wunderbare Oase zum Entspannen und Wohlfühlen. Die Zimmer, Apartments und Studios sind sehr freundlich in warmen Farben eingerichtet. Spektakulär ist auch der Meerblick von allen Zimmern.

Spektakulär nah am Meer in unseren Zimmern in Crochu

Ein weiteres Highlight ist zudem das Restaurant des Hotels, wo wir auch am Abend aßen. Chef Bruno kocht hier eine Kombination aus kreolischer und französischer Küche, die ich definitiv als mehr als gelungen bezeichnen möchte. Das Essen war richtig, richtig klasse, dazu gab es einen extrem leckeren Cocktail – einer der besten selbstgemixten Rumpunsches, die ich je getrunken habe. Alles in allem also ein exzellenter gastronomischer Abschluss eines ohnehin schon ereignisreichen Tages.

Leckerbissen von Chef Bruno

Letzte Etappe: Von Crochu nach Hog Island

Am Sonntag standen nun die letzten 25 Kilometer auf dem Programm. Nachdem wir in der Cabier Ocean Lodge bei strahlendem Sonnenschein und einer angenehmen Meeresbrise noch ein wenig in der Hängematte relaxten – was gibt es Schöneres? –, bestiegen wir gegen 12:00 Uhr den Sattel und arbeiteten uns erst einmal zur Hauptstraße zurück, denn diese befindet sich auf rund 120 Höhenmeter, während die „Cabier" ja direkt am Meer liegt. Auf dem Weg durch die Parish St. Davids ging es dann noch das ein oder andere Mal ziemlich stark bergauf oder bergab – im Gegensatz zum Vortag konnten wir diesmal aber dank der guten Straßen die Abfahrten gut genießen.

Unser Ziel für heute war Hog Island, wo wir das erfolgreiche Ende unserer Fahrradtour einläuten wollten. Es liegt nur rund vier Kilometer von meinem Apartment entfernt, sodass wir auf Hog Island durchaus schon einmal „feiern" konnten, fast am Ziel angekommen zu sein.

Die Anreise hierher war etwas abenteuerlich. In der Regel kommen 99% aller Besucher per Boot. Wir wählten den Übergang über die für Grenada-Verhältnisse hochmoderne Brücke, die allerdings keinen direkten Straßenzugang besitzt, nicht mit dem Auto anfahrbar ist und demnach nicht genutzt wird, anschließend gingen wir eine komplette Runde über Hog Island, ehe wir die kleine Strandbar erreichten.

Brücke im „Nichts"

Dafür entschädigte der Ausblick für die vergangenen Strapazen auf der Tour:

Boote vor Hog Island

Die Bar auf Hog Island selbst machte keinen besonders spektakulären Eindruck, was aber auch ein wenig an meinen hohen Erwartungen lag. Erfrischend waren das kühle Carib sowie das lauwarme Meer allemal.

Den Rückweg von Hog Island traten wir dann allerdings per Boot (Wassertaxi) an, denn zum einen hatten wir keine Lust, nochmal das ganze Gebüsch zu durchqueren (was ohnehin nur mehr zu Fuß denn per Fahrrad möglich war), zum anderen gesellte sich auch noch ein Platten dazu, der ziemlich schwer zu reparieren war. Die restlichen vier Kilometer waren daher eine Mischung aus Schieben, Fahren und Laufen.

Mit der Ankunft an meinem Apartmenthaus am Grand Anse hatten wir unsere Inselumrundung tatsächlich geschafft. Rund 100 Kilometer lagen hinter uns, zudem sind wir rund 2000 Höhenmeter geklettert – beides gar nicht mal so offensichtlich bei solch einer kleinen Insel wie Grenada. Es war definitiv die richtige Entscheidung, dieses Vorhaben anzugehen und in die Tat umzusetzen.

Landschaftlich passierten wir viele Höhepunkte, die wir mit dem Fahrrad dank der niedrigen Geschwindigkeit viel intensiver erleben konnten, wobei vor allem die Ausblicke auf die Küste sowie der Levara Beach herausstachen. Sportlich war es gerade für mich als nahezu ungeübter Radfahrer eine echte Herausforderung. Diese meisterten wir zusammen aber sehr gut, auch gerade aufgrund der passenden Etappenplanung. Erstaunlicherweise hielt sich diesmal im Vergleich zur letzten Tour auch der Muskelkater in Grenzen. Und last but not least hatten wir mit dem Fish Friday und den beiden Unterkünften auch ein optimales Rahmenprogramm auf unserer Tour – Karibik-Herz, was willst du mehr?

Aller guten Dinge sind drei: die Königsetappe zum Grand Etang

Wiederum drei Monate nach der letzten Tour schwangen wir uns erneut auf das Fahrrad und nahmen uns diesmal die höchstgelegene, durchgehende Straße von Grenada vor – den Grand Etang. Diese verbindet die beiden wichtigsten (Küsten-) Städte der Insel miteinander und überquert dabei das Grand Etang Massiv in rund 600 Metern Höhe. Die Entfernung zwischen Grenville und St. George's beträgt gerade einmal 22 Kilometer – entsprechend steil ist der Großteil der Grand Etang Road, was es auch in Anbetracht der hohen Temperaturen zu einer ordentlichen Herausforderung per Fahrrad macht.

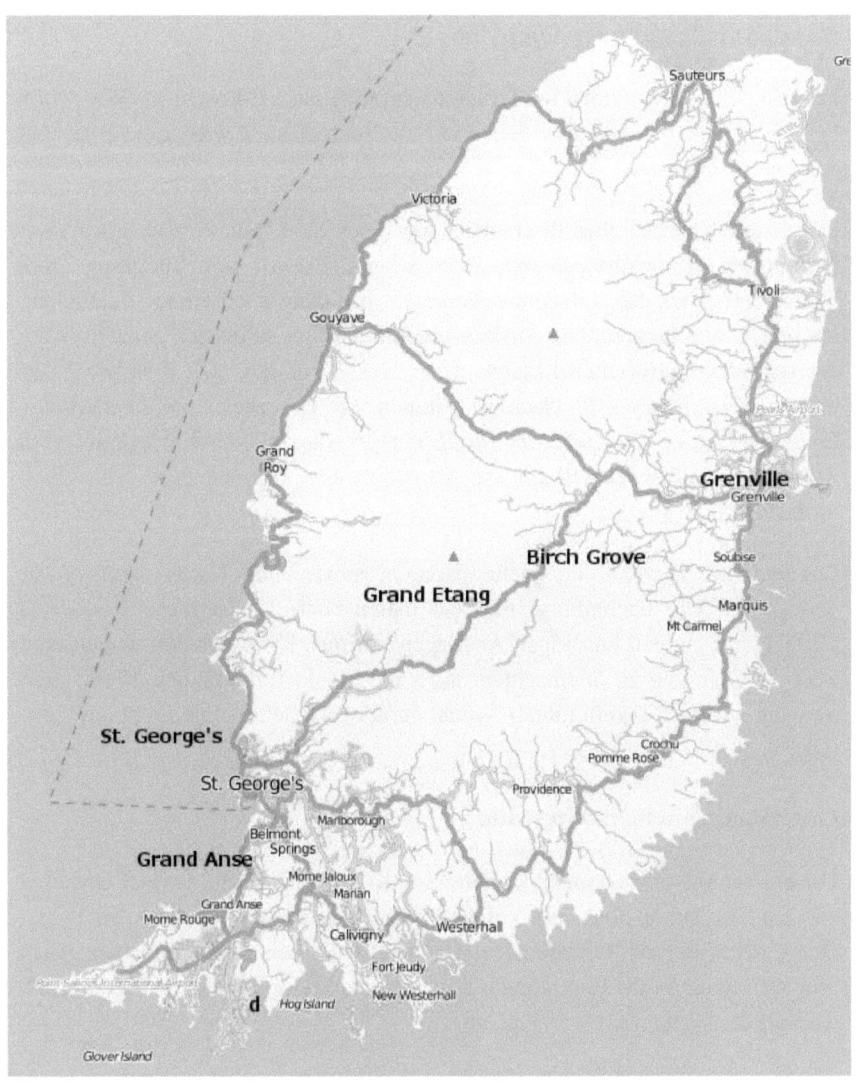

Runde Nummer drei

Mit dem Fahrrad nach Grenville

Los ging es wieder einmal am Freitagnachmittag nach Büroschluss. Wie schon bei den beiden Touren zuvor liehen wir uns auch diesmal wieder die Bikes bei Adventure Tours aus.

Der Auftakt verlief aber diesmal so gar nicht rund. Schon nach etwa zwei Kilometern suchte uns der erste Platten heim. Da wir kein Flickzeug dabei hatten, riefen wir bei Adventure Tours an, die dann auch einen „Techniker" auf den Weg schickten. Die Auskunft bei der Hotline hörte sich zunächst nach der typischen karibischen Lässigkeit an: *„yes, we'll send you someone ... he will be there shortly ..."*. Nach 30 Minuten hieß es weiter: *"yes, I called him, he is just waiting for something, he'll be there shortly"*. Und trotzdem waren wir – für karibische Verhältnisse überraschend– nach ungefähr eineinhalb Stunden wieder startklar.

Dennoch, die Verzögerung spielte uns nicht gerade in die Karten, denn es war bereits fünf Uhr nachmittags und wir hatten noch 32 Kilometer Berg- und Talfahrt mit einigen knackigen Anstiegen vor uns. Zwar konnten wir unseren Plan, in Grenville zu übernachten, noch halten, doch die letzten 15 Minuten mussten wir im Dunkeln fahren – nicht gerade angenehm ohne Licht am Fahrrad.

Unterkunftssuche in Grenville

Um einiges später als geplant kamen wir also in Grenville an. Eigentlich hatten wir am Tag zuvor noch das Valley Breeze Guesthouse für diese Nacht gebucht, doch von der Eigentümerin war weit und breit nichts zu sehen. Auch ging sie weder an ihr Handy noch hörte sie ihre Mailbox innerhalb der nächsten Stunde, die wir dort warteten, ab.

Innerlich schon mit Plan C beschäftigt, versuchten wir zunächst, Plan B doch noch zum Erfolg zu bringen, nämlich eine andere Unterkunft im ziemlich untouristischen Grenville zu finden. Auf dem Weg fuhren wir an einem kleinen Gästehaus namens <u>Rainbow Inn</u> vorbei, wohl die einzige weitere Unterkunft in Grenville. Diese suchten wir auch auf und hatten das Glück, dass uns die Eigentümerin öffnete. Obwohl im Haus eigentlich Renovierungsarbeiten stattfanden, konnte sie uns ein Zimmer anbieten – unsere Rettung des Abends! Ansonsten hätten wir uns ein Taxi entweder nach Hause oder zumindest zur Cabier Ocean Lodge nehmen müssen. Das Zimmer war zwar erst nach rund einer Stunde bezugsfertig und mittlerweile war es schon halb elf Uhr abends, doch dies stellte kein Problem für uns dar. Wir waren froh, überhaupt etwas gefunden zu haben, was sich zudem mit 135 EC$ für die Nacht auch noch als sehr bezahlbar herausstellte.

Den späten Abend konnten wir dann durchaus als gelungen ansehen. Zuerst gab es nach unserer Anstrengung, von der wir ganz schön platt waren, ein leckeres Abendessen mit – ausnahmsweise – chinesischem Essen in Grenville, anschließend die erfrischende Dusche in unserem Zimmer und dann noch den Gute-Nacht-Trunk in Form von Rum & Coke im nächsten lokalen Rum Shop. So muss das sein!

Damit ließ sich dann auch trotz der Moskitos in unserem Zimmer, die ich mithilfe der Bettdecke und Mückenspray von mir fernzuhalten suchte, relativ gut schlafen. So konnten wir am nächsten Morgen ausgeruht und frisch das Erklimmen des Grand Etang in Angriff nehmen.

Mühevoller Aufstieg zum Grand Etang

Am nächsten Morgen ging es dann los, wir starteten in Richtung Grand Etang. Zwar sind es von Grenville bis auf den Gipfel gerade einmal elf Kilometer. Für relativ ungeübte Beine sind die rund 800 Höhenmeter mit allen „Auf und Abs" in so kurzer Zeit aber doch nicht ganz ohne.

Die ersten 6,5 Kilometer gingen noch recht zügig von der Pedale. Zwar hatten wir bereits hier einige Anstiege zu bewältigen, konnten uns aber beim Bergabfahren immer wieder kurz entspannen. Hinzu kamen das traumhafte Panorama und die unberührte Landschaft links und rechts von uns.

Tropische Landschaft auf dem Weg zum Grand Etang

Typisches grenadisches Haus in Birch Grove

In Birch Grove legten wir dann eine kleine Pause ein. Ein kühler Bach lockte meinen Mitfahrer an. Auch hier wieder das gleiche Bild: intakte Natur, schönes Panorama – einfach herrlich und trotz oder gerade aufgrund aller Anstrengungen sehr entspannend.

Gigantische Ausblicke ins Grüne verschönerten unsere Pausen.

Es ging über Flüsse und verschlungene Wege.

Und die seltsamsten Wandergefährten begegneten uns ...

Ab Birch Grove wandelte sich dann das Fahrprofil. Da gab es kein leichtes Auf und Ab mehr, die Straße kannte nun nur noch eine Richtung: nach oben – und das gnadenlos. Die 4,5 Kilometer zum Grand Etang hinauf gehen mit einer durchschnittlichen (!) Steigung von 10 % einher. Teilweise war es so steil, dass ich fast hintenüber vom Fahrrad gefallen wäre.

Aber die Anstrengung lohnte sich: Schneller als gedacht erreichten wir schließlich den Grand Etang, an dem wir uns dann nach dem Aufstieg bei sengender Mittagshitze erst einmal mit einer Dusche im Visitor Center belohnten.

Das Herz des National Parks mit Besucherzentrum

Nach etwas Wartezeit und einem Hamburger ging es für uns dann schon mit der nächsten Aktivität weiter: einem Hash. Ein sehr schöner Runners Trail wartete auf uns, der von tollen Ausblicken über Strecken durch schönanstrengende Matschbahnen bis hin zu Abstiegen mit Kletterpartien à la Tarzan wieder alles bereithielt.

Nach dem Hash gab es ausnahmsweise mal nur ein Bier, denn direkt danach wartete noch die lange Abfahrt nach St. George's auf uns. Spätestens, als ich meine Bremsen mindestens zwei Kilometer lang auf Anschlag hielt, merkte ich, welche enorme Steigung wir doch am Mittag hochgeklettert waren. Dies setzte dann auch den Schlusspunkt unter eine wieder einmal tolle Fahrradtour, die gerade durch die Kombination aus Bike und Hash sehr abwechslungsreich war.

Wer auch einmal Grenada per Fahrrad erkunden möchte, dem kann ich als Erstes auf jeden Fall die Inselumrundung empfehlen. Mit etwas mehr Zeit und ein paar Zusatznächten würden sich dann auch noch schöne Abstecher einplanen lassen, wie zum Beispiel zu den Concord Falls oder eine der Destillerien, die auf dem Weg liegen. Der Grand Etang ist dann schon etwas für passionierte Kletterer.

Mit der letzten Fahrradtour war dann auch mein persönliches Zwei-Jahres-Jubiläum in Grenada geknackt. Hier zeigte wieder einmal der gute alte Ausdruck „Wahnsinn, wie die Zeit vergeht" seine unnachahmliche Wahrheit. In diesen abwechslungsreichen und beeindruckenden 24 Monaten habe ich meiner Meinung nach endgültig den Großteil der Insel kennengelernt und für mich erschließen können.

Unbedingt sehenswert: Meine persönlichen Insel-Highlights

Viel wurde nun darüber geschrieben, was Grenada alles ausmacht und wie schön die einzelnen Inselteile alle sind. Doch was muss man unbedingt sehen, wenn man nur für sehr kurze Zeit auf der Insel ist?

Grand Anse Beach

Ich hoffe, dass dies in den bisherigen Kapiteln deutlich geworden ist: Der Grand Anse Beach ist nicht nur das schönste Fleckchen der Insel, sondern auch einer der Top-Strände der gesamten Karibik. Der extrem feine Sand, die sanften und grünen Hügel im Hintergrund, der Blick auf die Hauptstadt St. George's und natürlich der nahezu unendliche weiße Streifen Strand sorgen einfach für eine Traumkulisse. Hinzu kommen fantastische Sonnenuntergänge sowie mit der Umbrella's Beach Bar eine gute Location für einen kühlen Cocktail. Ach ja, Baden im Meer kann man am Grand Anse Beach selbstverständlich auch sehr gut …

Seven Sister Falls

Es gibt viele Wasserfälle in Grenada, aber die Seven Sister Falls bieten das beste Gesamterlebnis. Neben dem romantischen Wasserfallpanorama gibt es vorher eine kleine Wanderung durch den tropischen Regenwald sowie eine Tour durch eine einheimische Plantage, auf der sich viele Früchte, die auf Grenada wachsen – darunter Ananas, Guave, Passionsfrucht und Banane–, live bestaunen lassen. Wasserfall + Wanderung + Plantagentour = beste Abwechslung an den Seven Sister Falls.

Levara Beach

„It's all about beaches in the Caribbean ...“ – das ist ein geläufiger Spruch in der Karibik. Genau deswegen muss hier neben dem Grand Anse Beach auch noch ein weiterer Strand stehen – und zwar einer, der den Namen Strand wahrlich verdient hat. Der Levara Beach befindet sich im äußersten Nordosten der Insel und ist damit einer der abgelegensten Strände von Grenada. Dank der drei kurz vor der Küste liegenden Mini-Inselchen Sugar Loaf, Green Island und Sandy Island, die sich im türkisblauen Meer aneinanderschmiegen, findet jeder Besucher hier eine echte Bilderbuchkulisse vor.

St. George's

Gerade mit wenig Zeit bietet sich der Besuch von St. George's natürlich an. Von Grenadas Hauptstadt sind es nur 15-20 Fahrminuten bis zu den meisten Hotels, dem Grand Anse Beach und dem internationalen Flughafen. Sehenswert in St. George's ist der lebhafte Gewürz- und Obstmarkt, das Fort George mit dem tollen Ausblick auf die Stadt sowie die pittoreske Carenage. Übrigens erreicht man St. George's am besten per Minibus – das ist dann auch gleich noch einmal ein echtes grenadisches Erlebnis.

Inselrundfahrt

Mit wenig Zeit lässt sich Grenada eigentlich dennoch sehr gut erkunden – und zwar am besten per Mietwagen. Diesen kann man einfach am Flughafen ausleihen und schon kann die große Entdeckungstour losgehen. Eine Vorabreservierung ist hier unbedingt empfohlen. Wer einmal um die Insel fahren möchte, benötigt rund drei Stunden reine Fahrtzeit. Mit den Abstechern zu den verschiedenen interessanten Punkten von Grenada kann man sich so ein schönes Tagesprogramm zusammenstellen und hat damit in kürzester Zeit viel gesehen. Natürlich lassen sich in so eine Inselrundfahrt auch die vier oben genannten Ziele mit einbauen.

Die Top 5 der Nationalgerichte in Grenada

Wer so lange wie ich in einem anderen Land lebt, kommt natürlich auch um dessen Trink- und Essensgewohnheiten nicht herum. Zeit also, auch hier nach mehr als zwei Jahren ein kleines Fazit zu ziehen und einen Einblick in die karibisch-kreolische Küche zu geben.

Wer längere Zeit in der Karibik beziehungsweise Grenada verbringt so wie ich, sollte sich zunächst einmal von einigen Dingen für die Zeit des Aufenthalts verabschieden können: Adieu zu saftigen Rindersteaks, frisch gegrillten Bratwürsten, leckerem Schwarzbrot oder verführerischer Vollmilchschokolade! Diese Dinge gehörten für mich nach dem einschneidenden Ortswechsel von Deutschland nach Grenada der Vergangenheit an. Dafür traten andere landestypische Nahrungsmittel an ihre Stelle, die ich nach fast zwei Jahren doch sehr zu schätzen und lieben gelernt habe.

Platz 5: Früchte (Mangos, Ananas, Cashewfrucht, Soursop & Co.)

Ich glaube, wer einmal in der Karibik tropische Früchte gegessen hat, sollte sich in Deutschland zweimal überlegen, ob er sich dieses einmalige Geschmackserlebnis mit ihren importierten „Artgenossen" wieder kaputt machen möchte.

Ein Biss in eine saftige Mango oder das Aufschneiden einer frischen Ananas, die man hier am besten frisch auf dem Markt kauft, stellen selbst das Glücksgefühl nach der besten Schokolade der Welt deutlich in den Schatten. Hinzu kommt die Auswahl an exotischen Früchten wie der Cashewfrucht, Papaya oder der Soursop mit ihrem leicht bananenartigen Geschmack, die einen Markteinkauf und den anschließenden Obstsnack sehr abwechslungsreich machen.

Platz 4: Fisch

Beim grenadischen Fisch lassen sich fast die gleichen Vorzüge wie bei der Obstauswahl anführen: Fisch in Grenada punktet mit Frische und Exotik. Frisch vom Markt gibt es einfach kaum etwas Besseres! Wo sonst bekommt man für sehr wenig Geld schon einen Fisch, bei dem zwischen seinem letzten Lebenszeichen unter Wasser und der schwungvollen Landung in der Pfanne gerade einmal wenige Stunden vergehen? Auch an der Auswahl mangelt es nicht: Neben den (karibischen) Klassikern Thunfisch, dem Segel- oder Fächerfisch, Delfin und Marlin gibt es auch immer wieder besonders leckere Sorten wie den Red Snapper oder Gotteslachs. Auch hier gilt: Wer einmal dem grenadischen Fisch verfallen ist, muss in Deutschland erst einmal wieder seine Erwartungshaltung dämpfen – oder sich lieber gleich dem Fleisch widmen.

Frischer Red Snapper

Platz 3: Roti

Die vor allem in Trinidad extrem weit verbreitete Curry-Teigtasche mit Hühnchen und Kartoffeln, die von ihrer Darreichungsform mit einem türkischen Dürüm grob vergleichbar ist, ist auch in Grenada ziemlich häufig zu finden. Vor allem zum Mittag hat jeder zweite Rum Shop – der Inbegriff für die kleinen Buden am Straßenrand, die das Notwendigste verkaufen – auch irgendwo ein paar lauwarme eingepackte Rotis lagern.

Die Füllung variiert von sehr mild bis feurig scharf sowie von flüssig bis musartig. Wer zum ersten Mal einen Roti isst, sollte aufpassen: Das Hühnchen wird mit Knochen verarbeitet, also nicht zu herzhaft reinbeißen! Zum Teil gibt es auch knochenlose Variationen sowie Fisch-, Veggie- oder Schweinefleisch-Rotis. Der Chicken Roti ist eines meiner Lieblingsessen für den schnellen Mittag zwischendurch.

Platz 2: Rice & Peas mit Provision, Hühnchen und Salat

Platz 2 geht ebenfalls an einen klassischen grenadischen Lunch, der fast jeden Tag irgendwo zu finden ist. Das komplette Gericht – meist praktisch in einer Assiette verpackt – besteht aus Hühnchenschenkeln sowie anderen Hühnchenteilen, Salat, Provision (einer Kombination mehrerer Bananensorten) und Rice & Peas oder auch Rice & Lentils, also Linsen. Verschiedene Variationen sind natürlich auch davon vorhanden. Ebenfalls gerne dazu gereicht und ebenfalls „typisch grenadisch": Macaroni Pie, ein richtig satt machender Nudelauflauf mit viel Käse innen drin und oben drüber gestreut.

Ein typischer Mittagsteller zum Mitnehmen – lecker!

Platz 1: Oildown

And the winner is: Oildown. Kein anderes Essen hätte den Platz ganz oben auf dem Treppchen mehr verdient, denn Oildown ist das offizielle Nationalgericht Grenadas. Es ist im Gegensatz zum oben vorgestellten Chicken-Lunch oder dem Roti nicht ganz so häufig zu finden, was vor allem an seiner schwierigen und zeitaufwändigen Zubereitung liegt. Dafür werden unter anderem die Brotfrucht, die Spinat-Art Callaloo, verschiedene Bananensorten, Gewürze, Ko-

kosnussmilch sowie nach Wahl Kürbis, Okraschoten und Zwiebeln stunden-
lang gekocht. Hinzu kommen noch, je nach Ausrichtung des Oildowns, verschiedene Teile des Hühnchens, Schweins, Lambies oder Saltfish, einem ge-
trockneten und stark gesalzenen Kabeljau.

Aufgrund der Menge der Zutaten ist ein Oildown auch praktisch so gut wie
nicht für einen Drei- oder Vier-Personen-Haushalt zuzubereiten, weswegen es
in der Regel zu Volksfesten, Feiertagen, Familienfesten oder zum Beispiel
auch beim allwöchentlichen Hash angeboten wird. Ergebnis dieser sehr interessanten und ungewohnten Kombination ist ein Gericht mit ungewohntem
Geschmack, das beim ersten Eindruck etwas eigentümlich wirkt, dem man so
wie ich aber spätestens bei seinem zweiten oder dritten Oildown komplett
verfällt.

Ein wilder Mix – das traditionsreiche Oildown

Sonderpreis: Bier und Rum

Natürlich sollen auch die Getränke nicht ungelistet bleiben. Dazu gibt es in Grenada wirklich nur zwei Dinge zu erwähnen: Bier und Rum.

Einen Grenader, den man auf der Straße ohne ein Carib oder Stag (die beiden in Grenada produzierten Biere) sieht, kann eigentlich nur ein halber Grenader sein. Und wer nach 21:00 Uhr nicht mindestens eine der zahlreichen auf Grenada destillierten Rumsorten getrunken hat, ist erst recht keiner. Bier und Rum gibt es überall – egal, ob in der Stadt, auf der Küstenstraße oder irgendwo auf der Countryside. Den nächsten Rum Shop gibt es alle paar hundert Meter. Verdursten tut in Grenada also definitiv keiner.

Während ich in Deutschland mehr dem Wein gefrönt habe, haben mich die typischen Inselgepflogenheiten eindeutig in Richtung dieser Getränke gebracht, wobei Carib sowie Rum & Coke bei mir eindeutig auf Platz eins stehen.

Was kann man sich auch Schöneres vorstellen, als mit einem kühlen Bier an einem traumhaften Strand den Sonnenuntergang anzuschauen? Für mich gibt es nichts Besseres.

Die besten Tipps und Tricks für die Karibik Reise

- Wer ein günstiges Urlaubsziel sucht, sollte eher nach Südostasien fliegen. Die Karibik ist gerade in Bezug auf Hotelpreise, innerkaribische Flüge und Lebensmittel ein relativ teures Pflaster. Sehr preiswert sind allerdings Busfahrten, frischer Fisch und Eintrittsgelder, sofern überhaupt vorhanden.

- Zeiten sind hier relativ. Wenn der Flieger für 08:00 Uhr angesetzt ist, kann daraus auch schon einmal 13:00 Uhr werden, und nur weil eine Fähre einen Fahrplan hat, heißt das nicht, dass dieser eingehalten wird. Die gleiche „Pünktlichkeit" gilt auch für private Verabredungen. Ein Treffen um 18:00 Uhr heißt nicht Punkt 18:00 Uhr, also am besten einfach ein Buch mitnehmen und während der Wartezeit entspannen.

- Selbige Gelassenheit ist auch in nahezu allen anderen Lebenslagen angebracht. Nur weil man eine Dienstleistung erwartet und dafür bezahlt, heißt das nicht, dass der Gegenüber alles dafür tut, um diese schnellstmöglich zu erfüllen. Auch hier gilt es, entspannt zu bleiben und sich dem insgesamt sehr gemütlichen Lebenstempo der Kariben anzupassen. Ich kann aus eigener Erfahrung berichten: Es wirkt Wunder und macht glücklich – vor allem wenn man diese Einstellung auch über den Aufenthalt hinaus ein Stück weit für sich selbst übernimmt.

- Als Europäer wird man doch ab und an mal angesprochen, ob man nicht dieses und jenes kaufen möchte (vornehmlich Früchte, Handwerk, Souvenirs) oder ob man nicht doch noch einen Dollar übrig hat. Ein freundliches „No" ist hier völlig ausreichend, anschließendes aufdringliches Betteln kommt mehr als selten vor.

- Im Gegensatz zu anderen Regionen, bei denen aus Gesundheitsgründen oft vor dem Verzehr von Straßenessen, Speiseeis oder Eiswürfeln gewarnt wird, ist dies in der Karibik relativ unbedenklich. Somit sollte man auf jeden Fall auch mal die kleinen Buden am Straßenrand erkunden, denn hier kocht Mutti noch selbst und das schmeckt in der karibischen Version richtig lecker und ist dazu noch sehr preiswert.

- Auch wenn die Kariben ein sehr freundliches Völkchen sind und die Menschen immer versuchen, einem weiterzuhelfen, überträgt sich dies leider meist nicht auf den Servicebereich. Wer hier ein Lächeln ergattern kann, kann sich schon glücklich schätzen. Ansonsten sollte man eine zu düster dreinschauende Miene nicht allzu ernst nehmen.
- Mal fix in einem Urlaub über alle Inseln der Kleinen Antillen hüpfen und jeweils für einen „10er" die Insel wechseln? Was in der Theorie gut klingt, ist in der Praxis leider fast kaum möglich. Die beliebte Urlaubsform des Inselhüpfens, bei der man innerhalb kürzester Zeit möglichst viele Inseln zu Gesicht bekommt, ist leider aufgrund hoher Flugpreise sowie oft kaum existierender Fährverbindungen nicht ganz so einfach. Dennoch lohnt es sich, den ein oder anderen Euro mehr auszugeben, denn jede Insel ist anders und hat ihre ganz persönlichen Highlights.
- Der wichtigste Tipp: genießen! Die Karibik – und im Speziellen Grenada – ist eines der schönsten Urlaubsziele auf dieser Welt. Das Paradies muss mindestens ähnlich aussehen.

Das karibische Lebensgefühl – ein kurzes Nachwort

Auch die nächsten Monate auf der Insel werden für mich sicherlich die bewährte Mischung aus Traumstränden, Sonnenuntergängen und karibischem Lebensgefühl bereithalten. Wie lange das (Lebens-)Kapitel Grenada für mich noch weitergeht, kann ich derzeit nicht mit definitiver Sicherheit sagen. Zumindest mit einem Fakt werde ich mich gedanklich anfreunden müssen: Auf lange Sicht gesehen wird es irgendwann enden. Denn eine Sache ist klar: Bei aller Liebe zur Insel ist mir Grenada mit seinen gerade einmal 344 km² – und damit einer Größe von gerade mal einem Siebtel des Saarlands – auf Dauer einfach zu klein. Dies bezieht sich nicht nur auf die Insel selbst, sondern auch auf die Reisemöglichkeiten innerhalb der Karibik generell.

Bis mein Abschied kommt, werde ich aber weiterhin die paradiesische Lebensumgebung genießen, die für so ein tolles Lebensgefühl auf diesem Fleckchen Erde sorgt. Ab und an, gerade wenn ich nach ein wenig Sport an der warmen Luft am Strand sitze und ein kühles Carib in den Händen halte, während im Meer gerade ein roter Feuerball zu versinken scheint, denke ich dabei an die Situation von vor zwei Jahren zurück: an die Bewerbung, meine Entscheidung und vor allem an den Umzug nach Grenada. Wohl kaum hätte ich mir träumen lassen, dass solch ein enormer Schritt in ein komplett anderes Leben solch eine positive Energie hervorbringen könnte, obwohl ich auch in Deutschland zuvor überaus glücklich war. Dass vollkommen neue Erfahrungen auf mich zukommen werden, war mir von vornherein klar gewesen, doch dass solch ein kleines Land auch auf Dauer eine derartige Faszination ausüben könnte, ist für mich rückblickend schon überraschend.

Aus diesem Grund bin ich mir absolut sicher, die richtige Entscheidung getroffen zu haben, und froh über jeden Tag, den ich hier verbringen konnte. Egal, ob bei Ihnen eine kurze Urlaubsreise oder ein langfristiger Aufenthalt in Grenada bevorstehen – trauen Sie sich und ich bin mir sicher, Sie werden die Entscheidung genauso wenig bereuen wie ich!

Der perfekte Tagesausklang auf karibische Art

Links

Jenny's Place: http://jennysplacegrenada.com

The Flamboyant Hotel: http://flamboynt.com

Allamanda Resort: http://www.allamandaresort.com

Spice Island Beach Resort: http://spiceislandbeachresort.com

Mt. Cinnamon Residences: http://mountcinnamonprc.com

Osprey Lines http://www.ospreylines.com

SVG Air: http://www.svgair.com

Bogles Round House: http://boglesroundhouse.com

Laurena II Restaurant and Bar: http://www.hotellaurena.com

Ade's Dream: http://www.adesdream.com

Green Roof Inn: http://greenroofinn.com

Bayaleau Point Cottages: http://www.carriacoucottages.com

Grenada Grand Beach Resort: http://www.grenadagrand.com

Crayfish Bay Organic Estate: http://www.crayfishbay.com

Hideaway Apartments: http://www.thehideawayapts.com

Willie's Court Apartments: http://www.williescourtapartments.com

Cabier Ocean Lodge: http://www.cabier-vision.com

Bildnachweise

Alle Fotografien innerhalb dieses Buches stammen von: Christian Jannasch

Kartenmaterial: OpenStreetMap und Mitwirkende, CC BY-SA

www.openstreetmap.org